LE MYTHE
DE LA FATALITÉ

DU MEME AUTEUR

Alexandre Scriabine, sa vie, l'ésotérisme et le langage musical dans son œuvre. Paris, Editions Honoré Champion, 1978.

A la découverte de la musique polynésienne traditionnelle, Ouvrage publié sous les auspices de l'Institut National de Langues et Civilisations Orientales, avec une Préface de Tran van Khe, Directeur de Recherches au C.N.R.S, Paris, Publications Orientalistes de France, 1981.

La vie musicale et les tendances esthétiques en Russie pendant les années 1900 - 1930. Catalogue de l'Exposition Paris-Moscou, organisé par le Ministère de la Culture de l'U.R.S.S. et le Centre Georges Pompidou. Paris, Publications du Centre National d'Art et de Culture Georges Pompidou, 1979, p. 470-481.

Alexandre Scriabine et ses contemporains. Paris, Publications de l'IRCAM-Centre Georges Pompidou, 1979.

Les esquisses musicales de «L'Acte Préalable» de Scriabine, dans *: «Revue de Musicologie»,* Paris, 1971, p. 40-48.

Esoterik und formale Gestaltung in Skrjabins Spätwerken, Studien zur Wertungsforschung Nr.13, Graz/Wien, Universal Edition, 1980, p. 22-49.

Meditationsmusik gestern und heute. Studien zur Wertungsforschung Nr.14. *Zur «Neuen Einfachheit» in der Musik.* Actes du Colloque sur «La Nouvelle Simplicité» dans la musique. Graz/Wien, Universal Edition, 1981, p. 167-195.

Musique pétrifiée et rythmique générative. Les sculptures de Madurai et le «Yi-king» chinois : des modèles pour une nouvelle méthode de transformation rythmique, Lausanne, Revue Musicale de Suisse Romande, 1975 (III) p. 42-47.

«Dodécaphonisme», «Musique sérielle», «Expressionnisme» et «La Notation musicale au XXème siècle», dans *: Science de la Musique* de M. Honegger, Paris, Bordas, 1976.

Naturalisme, vérisme et réalisme dans l'Opéra de 1890 à 1930. Préface de Serge Gut. Paris, Librairie J. Vrin, 1984.

Manfred KELKEL

LE MYTHE DE LA FATALITÉ

dans le

PAUVRE MATELOT

de

Jean Cocteau et Darius Milhaud

PARIS
LIBRAIRIE PHILOSOPHIQUE J. VRIN
6, Place de la Sorbonne, Ve

—

1985

ISBN 2-7116-4257-7

REMARQUES PRELIMINAIRES

> «Dans la Société comme dans le corps humain, il existe une solidarité qui lie les différents membres, les différents organes entre eux, de telle sorte que, si un organe se pourrit, beaucoup d'autres sont atteints et qu'une maladie très complexe se déclare» (ZOLA, «Le Roman expérimental» (1)).

Pour Zola, non seulement les organes sociaux sont solidaires comme ceux du corps, mais chez lui, le monde naturel et le monde social ne font qu'un. Si l'on étend cette vision grandiose des structures homologues au monde des productions artistiques qui sont, en quelque sorte, des cristallisations, des instantanés de la société, on devrait pouvoir déceler dans une seule œuvre donnée, *Le Pauvre Matelot* par exemple, un certain nombre d'éléments et de motivations sous-jacentes qui témoignent de son appartenance au même contexte esthétique et social, en l'occurence celui du «réalisme familier» des années folles.

Dans la première partie de cette étude, consacrée à la problématique des rapports du naturalisme, du vérisme et du réalisme avec le théâtre lyrique, nous avons procédé à une sorte de panorama chronologique (1890 - 1930), en passant en revue une soixantaine d'opéras pour y relever tous les éléments significatifs de ces esthétiques. Pourtant, le problème de la classification typologique des livrets d'opéras, même limitée à une thématique donnée, suscite de grandes difficultés qui n'échapperont à personne. Il est bien évidemment impossible de se livrer à une étude exhaustive d'une soixantaine d'opéras, une vie n'y suffirait pas. Du reste, la valeur scientifique d'une telle entreprise peut paraître assez contestable, car, comme le remarque précisément Karl Popper «Du point de vue logique, nous ne sommes pas justifiés à inférer des propositions universelles à partir de propositions singulières, si nombreuses qu'elles soient, car toute conclusion tirée de cette façon pourra toujours s'avérer fausse. Peu importe le nombre de cygnes blancs que nous aurons pu observer, cela ne justifie pas que tous les cygnes sont blancs. En revanche, une hypothèse fondée sur l'observation d'un nombre restreint de cygnes, mais qui nous dirait que leur blancheur est la conséquence de telle particularité organique, telle hypothèse serait parfaitement légitime» (2).

Dans le même ordre d'idée, il ne s'agit plus maintenant de rechercher des convergences, des ressemblances structurales parmi une soixantaine d'opéras, mais au contraire de l'étude d'une seule oeuvre isolée, considérée comme un modèle particulièrement significatif. La diversité du matériel d'étude de cette seconde partie se réduit donc à une oeuvre unique à laquelle nous appliquons diverses analyses techniques et différents éclairages. Ce qui importe avant tout, c'est de voir «dans le détail» toutes les conséquences aussi bien littéraires que musicales résultant de l'adoption du réalisme esthétique au sens le plus large du terme.

Pourquoi avoir choisi précisément le *Pauvre Matelot*? En effet, nous aurions tout aussi bien pu opter pour une autre oeuvre lyrique,telle que *Messidor* de Bruneau/Zola, *Louise* de Charpentier, ou bien *Mahagonny* de Weill/Brecht. Hormis le fait qu'il n'existe encore aucune étude approfondie du *Pauvre Matelot*, le choix de cette oeuvre s'est imposé à nous pour d'autres motifs. D'une part, en raison de la personnalité du librettiste, en l'occurence Jean Cocteau, homme - caméléon dont l'œuvre, si multiforme, si foisonnante, paraît a priori assez étrangère aux options naturalistes, véristes et réalistes de cette étude. Vouloir y traquer la thématique réaliste paraît une gageure qui a l'avantage de mettre à l'épreuve l'hypothèse initiale, c'est-à-dire, la prémisse de Zola.

D'autre part, ayant eu la chance de suivre pendant six ans les cours de composition de Darius Mihaud, nous espérons témoigner ainsi non seulement de notre gratitude et de notre affection, mais encore dissiper quelques malentendus et critiques erronées qui sont parfois propagés à propos de ses conceptions esthétiques.

Notre étude, par son importance, pourra paraître disproportionnée si on la compare aux soixante-dix pages de la partition piano et chant. Il faut cependant admettre que traquer les exigences du réalisme esthétique dans le cadre d'une oeuvre unique représente incontestablement une entreprise dont nous connaissons parfaitement les risques. Nous savons fort bien qu'une telle approche est assez éloignée de l'analyse historique traditionnelle en musicologie qui, selon Armand Machabey, «a pour but suprême de déterminer par quoi elles (les oeuvres) se rattachent à l'ésthétique musicale antérieure ou contemporaine, et aussi par quoi elles s'en séparent, de savoir également si elles ont ou non laissé une trace, exercé une influence sur les générations suivantes» (3). A ce propos, il convient d'ajouter ceux de Jacques Chailley pour qui «l'analyse musicale consiste à se mettre dans la peau du compositeur et expliciter ce qu'il a senti en écrivant» (4).

Hélas, bien qu'ayant connu et fréquenté Darius Milhaud pendant de nombreuses années, il nous paraît difficile aujourd' hui de «nous mettre dans sa peau». Expliciter ce qu'ont ressenti Jean Cocteau et Darius Milhaud, en écrivant le texte et la musique du *Pauvre Matelot*, nous paraît pratiquement impossible: les deux auteurs semblent avoir occulté, comme à loisir, leurs intentions et sources véritables. En effet, selon Cocteau «un bon texte doit nous hérisser de points d'interrogation» (5).

L'exégèse du *Pauvre Matelot* pourrait par conséquent prendre pour optique la réduction des nombreux points d'interrogation qui surgissent à la lecture du livret de Cocteau. Elle serait conçue comme une démystification de ce texte qui, nous dit-on, serait inspiré d'un «fait divers roumain». Mais nous sommes fortement enclins à penser - comme nous tenterons de le prouver par la suite - que la complainte du *Retour funeste* a également servi de modèle à ce livret.

Il est un autre aspect qui demande à être éclairci. Quels sont les ressorts fondamentaux de l'art réaliste au théatre lyrique et de quelle façon interviennent-ils dans le *Pauvre Matelot*?

Dans le cadre de ce travail, c'est évidemment le rapport entre le naturalisme et le *Pauvre Matelot* qui retient notre intérêt. Mais comment «l'esthétique du prolongement» chère à Milhaud, intervient-elle dans la mise en oeuvre d'une intrigue apparemment simple, relevant de l'ambiance du quotidien que tout un chacun pourra comprendre et à laquelle il pourra s'identifier? Pourtant, la distance semble énorme entre le *Pauvre Matelot* d'une part, et *Messidor* de Bruneau, *Louise* de Charpentier, *Le Chemineau* de Leroux et la *Houppelande* de Puccini, d'autre part. Quels éléments communs retrouve-t-on dans toutes ces oeuvres, nonobstant leurs différences de lieu et d'époque?

Notre propos, rappelons-le, consiste à traquer toutes les interférences naturalistes, ou réalistes dans le *Pauvre Matelot*. Quelles sont alors les méthodes que nous emploierons pour ce programme, d'abord pour le texte de Cocteau, puis pour la musique de Milhaud?

En premier lieu, nous utiliserons la méthode d'analyse de Propp (6) pour déceler les homologies structurales entre le *Pauvre Matelot* et la complainte du *Funeste Retour*. Puis, nous ferons l'interprétation du texte de Cocteau, en prenant soin d'y séparer le milieu social de l'oeuvre des aspects ressortant de la psychologie de son auteur.

La partition musicale du *Pauvre Matelot* est présentée ici sous l'aspect d'un modèle morphologique particulier, englobant tous les éléments thématiques de l'oeuvre. Ce modèle est établi en fonction de trois critères principaux:

- le critère d'identité, de non-identité et du tiers exclu dont dérivent les notions de répétitivité et de transformation,
- la notion de «Gestalt» (qualité formelle) entraînant la représentation de l'analyse formelle de toute une oeuvre sur une seule page,
- la méthode d'analyse formelle métrotectonique de Georges Conyous, exprimant l'articulation temporelle par une série de chiffres, correspondant aux mesures ou pulsations. Cette méthode permet surtout de déceler la présence de symétries ou de périodicités dans l'architecture d'une oeuvre (6).

Notre programme consiste tout d'abord à procéder à l'inventaire des matériaux employés dans une oeuvre donnée, et de les expliquer ensuite. Autrement dit, nous tentons d'envisager d'abord tel ou tel élément dans le cadre d'une oeuvre unique, considéré comme un tout, ici le *Pauvre Matelot*.

Ce type d'analyse structurale particulièrement important dans le domaine de la forme consiste à prendre en charge la totalité des événements musicaux. Pourtant, nous tenons à souligner ici les différences entre notre propre démarche et celle de Nicolas Ruwet par exemple, inspirée de la linguistique (7). Nous estimons en effet indispensable d'appuyer une telle démarche globale, d'une part, sur la «Gestalttheorie», et, d'autre part, sur la méthode d'analyse métrotectonique. Bien entendu, c'est dans le domaine formel exclusivement que l'association étroite de ces différentes approches analytiques paraît riche de promesses, car elle permet d'introduire des données parfaitement mesurables dans l'analyse musicale.

Nous avons estimé utile d'exposer dans un premier chapitre quelques éléments biographiques de Milhaud, en rapport direct avec ses oeuvres lyriques et limités à la période précédant la création du *Pauvre Matelot*. Dans un autre chapitre, nous avons rappelé les relations de Jean Cocteau avec les musiciens. Nous espérons fixer ainsi avec précision quelques données chronologiques indispensables dans le cadre de cette étude. En raison des nombreux emprunts de Milhaud au folklore, nous avons jugé inutile de procéder à une analyse rythmique détaillée. En effet, une telle analyse des éléments mélodiques, appartenant plus au folklore du XIXème siècle qu'à son langage musical, nous aurait obligatoirement éloignée de notre sujet. Un autre chapitre mettra en évidence le style harmonique du *Pauvre Matelot* qui diffère quelque peu du style des oeuvres antérieures et postérieures de Milhaud, en raison sans doute de l'option «réaliste» de cette complainte. Enfin, nous étudierons les différences entre les deux orchestrations de l'oeuvre, avec leurs implications esthétiques.

Qu'il nous soit permis d'exprimer notre vive reconnaissance à Madame Darius MILHAUD pour ses renseignements inédits sur l'oeuvre de son mari. Nous exprimons notre vive gratitude aux Editions Heugel et Cie., représentées par les Editions musicales Alphonse Leduc, Paris, qui ont bien voulu autoriser la reproduction des nombreux exemples musicaux du *Pauvre Matelot*. Nous sommes particulièrement reconnaissant à Messieurs Jean Leduc et François Heugel qui ont mis à notre disposition de nombreux décors, documents et partitions concernant cet essai.

Manfred KELKEL

CHAPITRE I

INTRODUCTION A DARIUS MILHAUD ET A SA PRODUCTION LYRIQUE

Darius Milhaud étant mort le 22 juin 1974 à Genève, à l'âge de 82 ans, il est sans doute prématuré de vouloir mesurer l' importance de son oeuvre pour la musique du vingtième siècle. Sa disparition est encore trop récente pour qu'il nous soit possible d'apprécier son oeuvre à sa juste valeur. Cela dit, certains faits méritent d'être soulignés.

Le catalogue de l'oeuvre de Milhaud est énorme (9). Il nous a laissé pas moins de 443 oeuvres, dont 18 quatuors à cordes, 12 symphonies, 30 concertos, 18 opéras et autres. Bref, sur le plan de la facilité de l'écriture, cette «force de la nature, avec tout ce que cette notion peut impliquer à la fois de puissant et d'excessif» (10) dépasse incontestablement tous ses contemporains (11).

«Un gros homme, au visage plein, le nez court, au front buté, au regard un peu morne et cependant plein d'énergie, à la fois méditatif et d'homme d'action, amer et viril» (12), c'est ainsi qu'apparaissait le compositeur au regard indiscret de ses contemporains vers 1925, peut de temps avant la mise en chantier du *Pauvre Matelot*. Pour d'autres, Milhaud fut toujours le plus aimable et le plus généreux des hommes, s'exprimant de la façon la plus simple. «Il fallait voir pétiller son oeil noir, lorsque par un mystérieux tour de passe-passe il avait réussi à se tirer d'une situation embarrassante» (13).

On pourrait multipler à l'infini les remarques de ses amis et de tous ceux qui l'ont approché sans pour autant arriver à épuiser les multiples facettes de la personnalité de ce «Français de Provence - de religion israélite» comme il avait l'habitude de se décrire lui-même. Du reste, les rapports entre la personnalité d'un musicien et son art sont difficiles à cerner, pour autant qu'on veuille bien admettre l'existence de tels rapports. Comment la franchise, la noblesse et la générosité de coeur, la modestie et l'amour de la vérité s'expriment-elles dans une musique dont les exégètes ont toujours loué l'équilibre, la clarté «méditerranéenne», ainsi que la «luxuriante richesse qui perpétue la tradition des grands musiciens français, épris d'harmonies raffinées, de mélodies à l'expressif et pur dessin, de construction nettes et concises» (14).

Milhaud détestait tout ce qui n'était pas profondément humain, tout art qui se proposait «d'entraver l'impulsion directe du coeur» (15). Toute sa production lyrique reflète ainsi une spiritualité exigeante qui donne la primeur à la mélodie et à l'équilibre des constructions, sans négliger pour autant les recherches théoriques, notamment dans le domaine de la polytonalité. Ainsi, lors d'une interview à la radio française, en 1963, Milhaud insiste sur le rôle primordial que représente à ses yeux la mélodie: «Il y a chez moi un élément qui prime tout, c'est l'élément de la mélodie, car j'ai toujours pensé que la ligne mélodique - et surtout la continuité mélodique - était l'un des grands secrets de la musique».

L'importante production lyrique de Milhaud comporte dix-huit opéras, écrits entre 1910 et 1970. Elle débute avec la *Brebis égarée*, d'après un livret de Francis JAMMES et se termine avec l'opéra-oratorio *Saint Louis, Roi de France*, composé sur un texte de Henri DOUBLIER d'après Paul CLAUDEL (16). Entre ces deux extrêmes, on relève seize autres ouvrages lyriques d'importance inégale, d'abord la célèbre trilogie de *l'Orestie* dont Paul Claudel avait rédigé l'adaptation française d'après ESCHYLE (17) avec *Agamemmon* (1913/14), les *Choéphores* 1915/16) et les *Euménides* (1917-1924) qui parachèvent la trilogie (18). Puis, en 1924, une commande de la Princesse de Polignac permet la réalisation d'un opéra de chambre sur la mythe d'Orphée - *Les Malheurs d'Orphée*, d'après un livret d'Armand LUNEL (19) : Entre 1925 et 1927, Milhaud compose la musique d'un opéra-bouffe *«Esther de Carpentras»*, sur un livret du même Lunel (20). En 1926, Milhaud abandonne pour quelques jours cette partition pour écrire en un temps record (du 26 août au 7 septembre 1926) la musique d'une complainte en 3 actes de Jean COCTEAU, *Le Pauvre Matelot* (21). Les trois opéras-minutes suivants - *L'enlèvement d'Europe, l'Abandon d'Ariane et La Délivrance de Thésée* sont écrits en 1927, sur la suggestion de Paul Hindemith (22). L'auteur des livrets est Henri HOPPENOT, un employé d'Ambassade. En 1928, Max Reinhard commande à Paul Claudel une grande fresque en 20 épisodes sur la vie de *Christoph Colomb* (23). Milhaud, pressenti par Claudel, se met aussitôt à écrire la musique de ce drame, faisant revivre l'histoire de la vie du célèbre explorateur, «depuis les sombres doutes et les aigres contestations du début jusqu'à l'éclat de l'Alleluia final, cette espèce de mugissement collectif et anonyme comme la mer des générations qui regardent et qui écoutent» (24).

Maximilien, opéra historique en trois actes et 9 tableaux d'après une pièce de Franz WERFEL, *Juarez et Maximilien*, dont R.R. HOFFMANN et Armand LUNEL avaient rédigé le livret, provoqua un terrible scandale lors de la création à l'Opéra de Paris, le 5 janvier 1932 (25). *Médée*, opéra en un acte, d'un pur classicisme, dont le livret, adapté d'un texte de Jules SUPERVIELLE, fut rédigé par Madeleine Milhaud et créé le 7 octobre 1939 à Anvers. Puis, l'ouvrage fut représenté à l'Opéra de Paris le 8 mai 1940, mais les évènements empêchèrent l'ouvrage de poursuivre sa carrière (26). La genèse de *Bolivar* commence par une musique de scène que Milhaud avait écrite tout d'abord pour une pièce du même titre de Supervielle, représentée en 1936 à la Comédie française. Madeleine Milhaud en tira le livret d'opéra en 3 actes et 10 tableaux. Milhaud en composa la musique en 1943, aux Etats-Unis (27).Pour commémorer le troisième millénaire de la fondation de Jérusalem, Milhaud composa, en 1952, *David*, à nouveau une sorte de fresque historique d'après un livret d'Armand LUNEL qui fut créee ler 1er Juin 1954 à Jérusalem sous forme d'oratorio (28). Les trois derniers opéras, *Fiesta*, un petit opéra de chambre d'une vingtaine de minutes, composé d'après un livret de Boris VIAN d'après le drame de Beaumarchais (livret de Madeleine Milhaud), écrit en 1964/5 et *Saint Louis, Roi de France*, opéra-oratorio en 3 parties (1970) de Henri Doublier d'après Paul Claudel, terminent cette abondante production lyrique.

Arnold Schönberg avait dix-huit ans, Claude Debussy trente, lorsque naquit Darius Milhaud le 4 septembre 1892 à Aix-en-Provence.Son talent musical se manifesta de bonne heure. Dès l'âge de sept ans, il commença l'étude du violon chez Léon Brughier. En 1902, il entra au lycée d'Aix. Deux ans plus tard, il découvrit la musique de Debussy. Ce fut une révélation. Il décida aussitôt de devenir compositeur, se mit à l'étude de l'harmonie, tout en poursuivant ses études secondaires qu'il termina en 1909 avec le baccalauréat, obtenu en classe de philosophie. Il quitta ensuite Aix-en-Provence pour entrer au Conservatoire National Supérieur de Musique de Paris (30).

Là, il passa successivement par les classes de Berthelier (violon), Lefevre (classe d'ensemble), Paul Dukas (orchestre), Xavier Leroux (harmonie), André Gédalge (contrepoint), Charles Widor (composition) et Vincent d'Indy (direction d'orchestre). L'enseignement de l'harmonie par Xavier LEROUX ne correspondait guère au tempérament de Milhaud. «Pourquoi vous exténuer à assimilier un langage conventionnel qui vous est étranger alors que vous en avez un qui vous est propre» (31) lui demanda alors son professeur. Sans avoir obtenu la moindre récompense en harmonie Milhaud quitta la classe de Leroux pour se forger son propre langage qui devra peu de choses à l'enseignement traditionnel.

En 1910, Milhaud se lia à Paris avec Francis JAMMES dont la *Revue hebdomadaire* venait de publier une pièce, intitulée *La Brebis égarée*. Aussitôt, Milhaud décida d'en faire un opéra en trois actes, sous-titré *«Roman musical»* tout comme *Louise* de Charpentier. Il s'agit d'une aventure sentimentale, une sorte de «roman dialogué» qui raconte, en vingt tableaux très brefs, les mésaventures d'une fugue matrimoniale. Lors de la création de la pièce de Francis Jammes en 1913, au *Théatre de l'Oeuvre*, le public avait d'abord été séduit par la verve du poète qui associait avec bonheur la poésie, l'indicateur de chemin de fer et les légumes nostalgiques. « Qu'importe le persil et la laitue amère s'il faut mourir»?

Dix ans plus tard, les goûts du public avaient radicalement changé. La création de l'opéra de Milhaud, le 18 décembre 1923 à l'Opéra-Comique, fut un échec retentissant, dû, selon Paul Landormy, au «livret impossible» (32). Certains passages du livret furent accueillis par des rires ironiques, d'autres provoquèrent une franche hilarité, à tel point que le chef d'orchestre, Albert Wolff, se tourna vers le public, au plus fort du tumulte, et s'écria: «Si vous n'aimez pas ça, revenez demain, on jouera Mignon!» (33). La carrière de l'oeuvre s'arrêta là, à l'exception d'une adaptation allemande *Die Rückkehr*, réalisée par E. ORTHMANN, qui fut donnée le 2 décembre 1929 à Mannheim (34), mais sans obtenir le moindre succès.

Dans le *Ménestrel*, Jean Chantavoine s'en prend aussi au livret de Jammes, plein d'expressions qui ne valent pas la peine d'être dites ni chantées, comme un horaire de l'indicateur par exemple.

> «Le roman musical de Francis Jammes (...) tient moins du roman qu'il ne rappelle d'une part l'imagerie d'Epinal, par la puérilité sommaire de ses tableaux, et d'autre part le cinématographe par la rapidité de leur succession. Ces vingt tableaux se succèdent (...) pour illustrer quelques épisodes intentionnellement insignifiants d'une histoire volontairement rebattue. Une jeune femme, enlevée par un ami de son mari, fuyant le foyer conjugal et le devoir maternel, tombant malade en Espagne, opérée de l'appendicite dans un hôpital de Burgos, est ramenée aux siens par le pardon du mari. Aucun développement, le choix volontaire du mot banal et trivial, du détail insignifiant ou commun, pour donner par touches discontinues, l'impression de la réalité vécue (...). On sent, dans cette sorte de «naturalisme mystique» et contrit une humilité ostentatoire (...) dont l'artifice me semble le contraire à la fois de la modestie et de la vérité» (35).

Le critique n'épargne pas non plus ses reproches à la musique de Milhaud, dont «la déclamation est sans relief et trop souvent boiteuse», sans parler de l'orchestre, tout ensemble «débile et pâteux, opaque et grêle » qui ajoute son incohérence aux hésitations incessantes de cet essai «mal venu» » (36).

Paul Claudel, par contre, «regrette infiniment de n'avoir pu voir la *Brebis égarée*». La lecture que Milhaud lui en avait faite à Hostel l'avait favorablement impressionné. C'était, selon Claudel, «une de ses oeuvres de jeunesse d'une fraîcheur et d'une tendresse de sentiment que les qualités de l'âge mûr ne remplacent jamais complètement» (37).

De quoi traite en fait cette pièce? Il s'agit de l'histoire d'une jeune femme mariée, mère de deux enfants qui est séduite par Pierre, l'ami de son mari. Elle éprouve pour lui une passion irrésistible. Ils s'enfuient à Burgos où la pire misère les attend. Le remord les accable. Françoise tombe gravement malade. Il faut l'opérer. Seul un miracle pourra la sauver. Pierre, pris entre la terreur de la perdre et le remords d'avoir trompé son ami, prie de toutes ses forces et promet à Dieu, s'il sauve Françoise, de se donner à lui. L'opération réussit contre toute attente. Pierre entrera dans les ordres, tandis que Françoise, convalescente, retourne chez son mari qui lui a pardonné depuis longtemps. C'est avec tendresse qu'il reprend sa «brebis égarée» (d'où le titre de l'opéra.).

En s'intéressant au sort des gens humbles, l'intention du poète est de donner l'impression de la réalité vécue. Le théâtre s'efforce de devenir ainsi un creuset d'observation du réel. Ce sont précisément ces «touches de réalisme trop voulu, manquant de délicatesse, les détails vraiment déplaisants» qui «choquèrent le goût le «plus accommodant» de la critique (38). L'introduction de tels éléments est en fait typique pour l'esthétique du «réalisme familier ou banal» des années vingt. L'idée d'un théâtre musical, «creuset d'observation du réel» parait ici assez problématique (39). Le réel représenté sur la scène est perçu comme une sorte de «réalisme factice», à base de détails d'une grande banalité tirés de la vie de tous les jours.«Ce qui donne à ce drame son caractère particulier, c'est l'atmosphère de pesante médiocrité dans lequel il se déroule. Les personnages sont médiocres. L'odyssée des amoureux se poursuit à travers les pires banalités, et les pires platitudes, de la chambre d'hôtel garni au mauvais restaurant à prix fixe pour aboutir à la salle d'hôpital» (40).

Mais sans doute y avait-il deux parts à faire, celle du livret et celle de la musique de Darius Milhaud qui est ici à son premier essai lyrique dans lequel l'influence de Debussy est encore dominante. Cependant, Milhaud ne néglige pas pour autant d'introduire dans la partition certains éléments typiques du réalisme familier, tels que l'utilisation du récitatif perpétuel ou encore la composition d'un «indicateur du chemin de fer».

Dans son ouvrage *La musique moderne*, Paul COLLAER donne une interprétation très différente de la *Brebis égarée*, interprétation basée sur l'*Art poétique* de Paul CLAUDEL. Le musicologue belge interprète le caractère de la dramaturgie de Milhaud en se servant surtout du livret de Francis Jammes, sans distinguer pour autant le poète du musicien. Voici ce que dit Collaer:

> «Tous les objets qui nous entourent participent à notre vie. Tous sont témoins et acteurs du drame humain (...). La chaise sur laquelle s'assied Pierre dans la *Brebis égarée* ne sera pas celle du *Pauvre Matelot* où s'assied le père (...). Il n'y a pas de sujets, de motifs dans l'art de Milhaud. Il n'y a que des sommes, des totalités invisibles.
>
> La chaise n'existe pas en tant qu'objet, elle ne prend naissance que par le flux des forces qui la lie à d'autres choses, au cours de cet admirable scène de la *Brebis égarée*, conaissant en nous.
>
> Nous en prenons conscience: le poète et le musicien élaborent ainsi un art de conscience qui s'élève au-dessus de l'art de la Sensibilité. Car la sensibilité n'est ici que la source de l'émotion qui nous sera transmise par une vaste synthèse» (41).

Commentons ce passage en lui opposant la conception dramatique de Richard STRAUSS. Chez Strauss aussi les objets ont une vie qui leur est propre. Ils sont caractérisés par des procédés particuliers, dérivés du figuralisme musical.Exemple: la hache qui tombe dans *Electre*, ou la poudre d'or qui s'écoule dans la *Légende de Joseph*. L'évènement extérieur, visible, est souligné par la musique. Chez Milhaud, rien de tel.

Pour le compositeur français, l'objet en soi n'a pas d'importance. Il n'est pas désigné expressément par un leitmotiv ou un procédé issu du figuralisme musical. L'objet est intégré dans le drame qui se déroule. Il participe à la vie, à l'émotion du moment sans pourtant la susciter.

Ainsi, le *Pauvre Matelot* comporte un objet très important, primordial même pour le crâne du personnage principal en tout cas: Il s'agit du marteau qui va lui fracasser la tête. On peut imaginer qu'un Richard Strauss n'aurait pas laissé passer l'occasion de désigner cet objet funeste par un leitmotiv ou un procédé analogue (un accord dissonant par exemple), et ceci à chaque apparition de cet objet fatidique au cours de l'action.

Dans le *Pauvre Matelot*, le marteau est mentionné à quatre reprises. D'abord, à la page 16 de la partition piano et chant, lorsque l'ami dit à la femme: «Tiens, j'oubliais, j'étais venu pour emprunter votre marteau.Vous n'en avez pas besoin ? » La femme répond simplement: «Prenez-le!»

La deuxième mention du marteau se situe à la page 56 de la partition piano et chant, lorsque l'ami rapporte le marteau à la femme, disant simplement: «Excusez, si je vous dérange, j'avais oublié le marteau». Réponse de la femme: «Merci, ce n'était pas la peine!» Lors de la scène du meurtre, il est à nouveau question du marteau puisqu'il sert à perpétuer le crime, dans un silence total, sans accompagnement musical aucun, comme s'il s'agissait d'une séquence de film muet. On entend simplement le bruit du marteau, fracassant le crâne du malheureux marin, puis le bruit du marteau qui retombe.

La quatrième citation du marteau se trouve peu de temps après cette scène (P. 63 du P/C), lorsque la femme chante: «Avec le marteau, j'ai frappé, j'ai tapé fort sur la tête». Musicalement, ces quatre passages diffèrent beaucoup l'un de l'autre. Le marteau n'est pas particulièrement mis en évidence par un leitmotiv ou un accord comme l'aurait fait Strauss. Chez Milhaud, au contraire, l'objet fait véritablement partie de l'univers de ses personnages, de leur sphère d'actions. De même que dans la *Brébis égarée*, les objets sont tout à fait intégrés à l'action de la pièce.

Trente ans après le *Pauvre Matelot*, Milhaud a composé un autre opéra de chambre, basé sur une histoire de marin: *Fiesta*, d'après un livret de Boris VIAN, créé en 1958 à l'Opéra de Berlin. L'argument, d'un réalisme cru, de ce mini-opéra, rappelle celui d'une des nouvelles de *Blues pour un chat noir* de Boris VIAN. Il s'agit de l'histoire d'un naufragé, sauvé par des pêcheurs qui le ramènent à la vie. Revenu à lui et ayant repris quelques forces, le naufragé courtise d'un peu trop près l'une des filles du village ce qui lui vaudra d'être poignardé par un soupirant jaloux. Les marins jettent alors le cadavre à la mer.

Les deux meurtres, celui du *Pauvre Matelot* et celui de *Fiesta* se ressemblent du fait que leur conception dramatique a lieu sans commentaire verbal, sans lyrisme superflu, dans un climat d'indifférence complète de la part des protagonistes.La mort donnera seulement lieu, par la suite, à quelques commentaires désabusés des acteurs: «Un cadavre est sorti de l'eau, un cadavre retourne à l'eau». Ici, point de citation folklorique comme dans le *Pauvre Matelot*.

Mais revenons à la carrière de Milhaud. Paul Claudel, nommé ministre de la Légation de France au Brésil, fit venir Milhaud comme attaché de légation. De 1917 à 1919, Milhaud vécut à Rio de Janeiro dans les conditions les plus avantageuses, favorables à l'éclosion de grandes oeuvres. Milhaud dira lui-même à son retour: «Le rôle de la France dans la culture musicale du Brésil était alors prépondérant.Non seulement, la bibliothèque du Conservatoire de Rio possédait alors les partitions d'orchestre de Debussy, du Groupe de la SMI et de la Scola, mais les concerts symphoniques de Rio faisaient entendre fréquemment les oeuvres de Chausson, Debussy, Dukas, d'Indy et de Roussel» (42). Le compositeur est également frappé par l'importance du folklore brésilien, si riche de rythmes et d'une ligne mélodique si particulière.

Dès son arrivée au Brésil, Milhaud avait repris la composition de l'*Orestie*, notamment celle des *Euménides*, la troisième partie de la trilogie, les deux premières ayant été écrites en France (*Agamemnon*, 1912/13, et *Choéphores* 1915/16). Dans un chapitre de ses *Etudes*, intitulé *Ma collaboration avec Claudel*, le compositeur évoque assez longuement ses conceptions dramatiques:

> « La langue d'Eschyle, par moments, dans certains chœurs, et dans certains dialogues, devient subitement métrique, d'un lyrisme tellement plus marqués, que le soutien musical paraît s' imposer. C'est en partant de ce point de vue que Claudel envisagea par endroits une brusque intervention de la musique et qu'il me demanda de l'écrire. Je voulus éviter l'habituelle musique de scène qui est une

forme d'expression que je déteste. Rien de plus faux que l'intrusion d'une phrase musicale pendant que les acteurs continuent à réciter de leur incontrolable débit le texte de l'oeuvre, la phrase et la mélodie se mouvant dans deux atmosphères absolument incompatibles. Pour souligner cet excédent de lyrisme, il fallait passer de la parole au chant» (43).

La partition des *Choéphores* comporte de nombreuses scènes chantées, notemment la *Vocifération*, la *Libation* et *l'Incarnation*. Plusieurs scènes au caractère violent, sauvage, posèrent un problème dramatique complexe à résoudre car l'élément lyrique était peu musical. Comment traduire, ordonner cet ouragan? Qu'on en juge.

Voilà un palais sinistre où règne le crime. D'un côté Clytemnestre, femme adultère et meurtrière, de l'autre, Egiste, lâche et cruel. En face, le tombeau du roi assassiné, où, jour pour jour, sa fille Electre parle au mort pour nourrir sa haine et son espoir de vengeance. Le choeur des Choéphores, envoyé par Clytemnestre, y vient célébrer des rites expiatoires. L'horreur que les Choéphores ont du couple criminel est pareille à celle d'Electre. Cassandre, leur princesse, a péri de la même main qu'*Agamemnon*. Elles ne sont, elles aussi, que vengeance et deuil. Elles s'écrient: Prie pour ceux qui furent amis de ton père! Souviens-toi des meurtriers, souhaite qu'il arrive un vengeur qui les égorge à leur tour. Quand le sang a pénétré la terre nourricière, il appelle vengeance, se fige et ne s'écoule plus.

Leurs anathèmes et celui d'Electre changent le sens du rite funèbre. L'offrance expiatoire devient malédiction et la libation est empoisonnée de haine. Devant la tombe, Oreste a retrouvé sa soeur et commence alors la prodigieuse incantation dont la fureur ne cesse de grandir. Voilà de terribles présages où l'espace pullule d'étranges lueurs. Tout ce qui vole et qui rampe, est comme animé par le mal. Pendant l'évocation de l'acte de parricide, Electre et Oreste, tour à tour, supplient le père défunt, invoquant son aide contre les assassins. L'exaltation grandit, monte et s'achève dans le terrible dialogue du frère et de la soeur: «Souviens-toi, père, du bain où tu as été égorgé... Souviens-toi du filet dans lequel ils t'ont tué... »

Milhaud rendit musicalement cette poésie formidable et violente, faisant parler le texte en mesure, rythmé et conduit comme s'il était chanté. Il écrivit des choeurs composés de clameurs, de sifflements, de susurrements, de sanglots et de gémissements étouffés d'un effet saisissant, qui accompagnaient une partition musicale composée uniquement de percussions (44). (Voir *Les Choéphores*, début de «*Présages*», page 101 de la partition Heugel).

Les Euménides, c'est le conflit d'un peuple, aux prises avec la fatalité. C'est un grand débat entre les forces du Bien et du Mal, entre les ténèbres et la lumière. Au début de l'oeuvre, Oreste vient implorer Apollon de mettre fin à cette série horrible de crimes. Ensuite, Oreste quitte les ténèbres de la grotte d'Appollon pour se diriger lentement vers l'Acropole et la lumière. Pendant sa progression, il sera peu à peu rejoint par le peuple d'Athènes qui signifie par là même son adhésion à l'acte de pardon et de justice. Le pardon accordé à un seul homme servira de prétexte à la fondation d'une cité.

La musique suit pas à pas cette progression. Tout s'organise de façon prodigieuse vers la lumière, symbolisée par l'éclatement d'un énorme cluster en Do-majeur à la fin de l'oeuvre (45). A signaler aussi, dans l'ouverture du 3ème acte: des grappes sonores de douze sons superposés (46). Cette complexité harmonique va de pair avec une écriture polyphonique non moins complexe. Le cortège final est écrit pour des choeurs mixtes de huit voix distinctes, auxquels se superposent les trois voix du rôle d'Athéna. C'est en chantant en trio que la déesse se distingue des simples mortels. Comme dans les *Choéphores* le choeur pousse des cris, des clameurs, des vociférations. Tout ce tumulte organisé fait finalement des *Euménides* une partition démesurée, extraordinaire, d'une force dramatique incroyable (47).

Pendant l'absence de Milhaud, Eric SATIE avait fondé la *Société des nouveaux Jeunes* qui comprenait Georges Auric, Louis Durey, Arthur Honegger, Roland Manuel et Germaine Tailleferre. D'autre part, Félix Delgrange et Jeanne Bathori faisaient entendre aux *Concerts du Vieux Colombier* et dans de petites salles les ouvrages de ces jeunes musiciens. A son retour de Rio de Janeiro, en décembre 1919 Darius Milhaud se joignit à eux (46).

Cette camaraderie éveilla l'intérêt d'un journaliste, Henri COLLET qui publia dans le journal *Comoedia* (49) un article «*Les Cinq Russes et les Six Français*» qui eut beaucoup de retentissement. Le *Groupe des Six* (Auric, Durey, Honegger, Milhaud, Poulenc et Tailleferre) était né.

Cependant, cette invention arbitraire du «Groupe des Six», à l'insu des principaux intéressés (50) provoqua aussitôt leurs protestations. S'ils étaient des amis, ils refusaient néanmoins d'être confondus sous une même bannière esthétique. Francis POULENC écrivit alors une lettre de mise au point que Pierre LANDORMY reproduisit dans le journal *La Victoire musicale*:

> «Francis Poulenc m'écrivit récemment. Un mot sur le groupe des Six, si vous le voulez bien. Ce groupe, créé pendant la guerre, n'avait à son origine d'autre but qu'un groupement d'amitiés et non de tendances. Puis, peu à peu, des idées communes se sont établies qui nous ont très intimement liés, à savoir: la réaction contre le flou, le retour à la mélodie, le retour au contrepoint, la précision, la simplification etc... Puis, sous l'influence de Satie et de Cocteau, nous adjoignâmes Milhaud, de retour du Brésil» (51).

Liés par des idées générales, ils étaient quand même extrèmement différents. Aussi bien Milhaud que Jean Cocteau protestèrent à leur tour. Le premier, pour s'irriter des accusations injustifiées, confondant leurs idées avec celles de Satie ou de Cocteau, le second parce qu'il refusait d'admettre qu'on lui attribuât le rôle de chef du «Groupe des Six» et l'on considérât *Le Coq et l'Arlequin* (52) comme le manifeste du «Groupe des Six».

Dans une lettre ouverte, adressée au journal «*Le Courrier musical*», Cocteau précise son point de vue:

> «C'est une erreur de date, de mise en place, une faute de perspective. Relisez *Le Coq et l'Arlequin*, et notez cette phrase: Ce livre ne parle d'aucune école existante, mais d'une école que rien ne fait pressentir, sinon les prémisses de quelques jeunes. Ce groupe (le Groupe des Six), est une groupe amical et non pas un groupe esthétique» (53).

Cependant, qu'ils eussent voulu l'admettre ou non, les «Six» s'accordaient tout de même sur un certain nombre d'idées générales, voire des propositions esthétiques définies par Cocteau de façon quelque peu prophétique. Selon Milhaud, certaines oeuvres, imprégnées de l'esthétique du music-hall, étaient le fruit des réunions des Six dans son appartement (54). Dans «*Le Coq et l'Arlequin*» Cocteau avait préconisé un art du music-hall qui serait «objectif, franc et anti-romantique» (55). L'idée d'un music-hall proposé comme modèle de pureté, de perfection va de pair avec une tendance néo-classique et antiromantique (A bas Wagner!), avec un penchant pour l'ironie et l'insignifiance voulue des sujets (voir le *Train Bleu* par ex.) et l'introduction de la chanson parisienne et du Jazz dans la musique dite sérieuse (56).

L'influence du Jazz sur la musique de Darius Milhaud, composée au cours des «années folles» est incontestable. Elle apparaît non seulement dans des oeuvres comme *La création du monde* (la fugue), *Salade* (le tango), mais aussi dans différents articles de Milhaud, consacrés à ce phénomème.

Dans un premier article, intitulé *Impressions d'Amérique*, Milhaud signale qu'il a profité de son séjour aux Etats Unis pour «travailler le folklore nègre»: « J'ai eu le plaisir d'entendre M. Burleigh qui a harmonisé les beaux chants religieux des esclaves (les Negro-Spirituals). Je rapporte aussi d'adorables chants populaires de la Floride et de magnifiques disques de phonographe avec les derniers airs de Jazz-band» (57).

Cet intérêt pour le folklore, et une grande admiration pour ce qu'il y a de «pur dans l'orchestre de solistes, le côté aigu, l'absence de doublures» (58) sont liés à une conception dramatique propre à Milhaud: il s'agit du caractère intemporel des opéras de Milhaud, qu'ils soient basés sur des sujets historiques ou mythiques. Prenons pour exemple les *Malheurs d'Orphée* où celui-ci se transforme en une sorte de rebouteur de village et qui soigne aussi bien les animaux que les villageois. Orphée est fiancé à Eurydice, une bohémienne venue aux Saintes-Marie pour le Pélerinage. L'action peut aussi bien se dérouler en Camargue qu'en Provence ou ailleurs. Le conflit qui enclenche l'action provient d'un interdit d'ordre social, la loi des Nomades prohibant le mariage hors de la tribu. Eurydice s'enfuit donc avec Orphée dans la montagne où elle meurt, ne pouvant résister au froid et à l'isolement. L'ours, le renard, le sanglier et le loup, les derniers amis du couple malheureux, emportant le cadavre d'Eurydice au fond de la forêt. Rentré au village, Orphée ne peut oublier sa bien-aimée et lorsque les trois soeurs d'Eurydice l'accuseront d'avoir causé la mort de sa bien-aimée, il ne se défendra pas et se laissera tuer sans résistance (59).

Armand LUNEL, «le collaborateur idéal, car il accepte toutes les suggestions» (60), a transposé le mythe d'Orphée aux dimensions d'une tragédie familière, d'une petite aventure provençale. Du mythe grec antique, seuls trois épisodes assez brefs subsistent encore : la fuite d'Orphée et d'Eurydice, la maladie et la mort d'Eurydice, la solitude d'Orphée et son assassinat par les trois soeurs. Plus tard, Milhaud résumera ses préoccupations de l'époque:

> «Les *Malheurs d'Orphée* est le premier d'une série de petits opéras de chambre que j'écrivis par la suite, les éléments sonores y sont réduits au minimum. Les personnages, en dehors d'Orphée et d'Eurydice, y sont traités par groupes, et tout en y conservant leur individualité propre et leur caractère, chantent souvent ensemble, formant un petit choeur» (61):

Le choeur des animaux, les recommandations d'Eurydice aux animaux, la chanson d'Orphée au travail, toutes ces scènes sont mises en parallèle avec les diverses situations dramatiques. La conception, proposant la transplantation du mythe grec en Provence, va de pair avec l'emploi d'une prosodie musicale populaire qu'on peut observer dans la structuration de la mélodie, par exemple tel passage de la scène XVI du 3ème acte «Morte, morte, la pauvre est morte».

Les Malheurs d'Orphée furent créés au Théatre Royal de la Monnaie de Bruxelles, le 7 mai 1926, et formaient un spectacle avec l'*Enlèvement au Sérail*:

Francis POULENC rendit compte de l'évènement dans le *Ménestrel* et loua la partition de Milhaud, «toute d'émotion et de tendresse, qui est (...) avec l'*Homme et son désir* sa meilleure œuvre théâtrale. Milhaud a confié à treize solistes le soin de commenter le drame, et c'est là un tour de force (...). Le rendement de cet ensemble est d'un effet inouï. Avec une rare maîtrise, Milhaud a su renouveler à l'infini ses combinaisons de timbres et atteindre dans le pathétique une puissance qui déconcerte si l'on songe aux moyens employés. Le cortège funèbre, du second acte, à cet égard, est incroyable» (62).

Trois mois après cette création, Milhaud composa à l'Enclos en un temps record (du 26 août au 5 septembre 1926), la musique du *Pauvre Matelot* qui marquera l'apogée de sa collaboration avec Cocteau, commencée avec le *Boeuf sur le Toit*, en 1919.

La création du *Pauvre Matelot* eut lieu le 16 décembre 1927, au Théâtre de l'Opéra-Comique, dans une mise en scène de Gabriel Dubois. Les quatre solistes étaient Mlle Madeleine Sibille, MM. Legrand, Félix Vieuille et M.Musy, tandis que l'orchestre était dirigé par Georges Lauweryns. Les décors étaient réalisés par MM. Deshays et Arnaud, d'après une maquette de Jean Cocteau, tandis que M. Multzer avait dessiné les costumes exécutés par Mme Soltagès et M. Mathieu. En même temps on représentait une suite de danses en un acte, intitulée *Evolution*, qui avait pour auteur Edouard l'Enfant (63).

L'oeuvre fut inégalement accueillie par le public et la critique qui se montra indifférente, sinon hostile. Seul Roland-Manuel, dans le *Ménestrel* fut enthousiasmé:

> «La partition du *Pauvre Matelot* achève de nous persuader que la plus grande vertu de Milhaud tient au caractère profondément humain de son art (...). La partition du *Pauvre Matelot* nous assure qu'elle fut composée en dix jours. On envie trop à Darius Milhaud son extraordinaire rapidité de réalisation pour ne pas être tenté de la lui imputer à crime. On oublie que cette même rapidité confère à tous ses ouvrages une unité de ton et d'allure extrêmement précieuse. Ici, comme ailleurs, la musique ne s'attarde point à nous exposer l'état des lieux et des âmes. Elle pénètre sans barguigner au coeur même du sujet qui n'est à tout prendre qu'une forme de l'éternelle tragédie des moeurs (...). Aucune oeuvre de Milhaud n'est plus simplement ni plus clairement mélodique que le *Pauvre Matelot*» (...) (64).

La réaction de Henri PRUNIERES dans *La Revue Musicale* fut plus réservée:

> «Je ne prétends pas que cette complainte soit un chef d'oeuvre. Elle ne me paraît pas compter au nombre des meilleurs réussites de son auteur (...). Ce que je serais tenté de reprocher à l'auteur, c'est son mépris de la prosodie. Il est bien vrai que la chanson populaire n'en a cure, mais il est désagréable d'entendre tomber les accents presque toujours à côté. D'autre part, les voix se meuvent surtout dans le médium, c'est-à-dire dans un registre qui est chez la plupart des chanteurs assez sourd. Il en résulte qu'on entend mal le texte» (...) (65).

La critique de Monsieur Charles TENROC dans le *Courrier Musical* était franchement agressive:

> «Ce fut cette fois-ci une complainte. Complaignons-nous donc, ô camarades d'une combourgoisie bénoite et complaisante, toujours prête à avaler les compotes à l'eau de Javel et à se complaire aux couardises de tout acabit» (...).

La partition a le mérite d'être brève, elle fleure dans son indigence bruyante d'acre marinade des ports, l'aigreur des assommiers ou se débitent alcools et tord-boyaux (...). Plus loin, Tenroc s'indigne de «l'orchestration lourde et criarde (...) de «la déclamation dialoguée qui poursuit inexorablement ses hachures (...), l'inanité de contrepoints envoutés de polytonalités à jet continu (...), des «superpositions acidulentes», (...). La personnalité du musicien ne trouve plus dans ces formules de quoi se renouveler et s'effrite en répétitions vaines» (66).

Mais cet accueil défavorable d'une partie de la critique ne devait pas empêcher l'oeuvre de faire carrière. En réalité, le *Pauvre Matelot* est, de toute la production de Milhaud, la plus fréquemment représentée.

Voici la liste des premières représentations, données avant 1940:

16.12.1927 - Création à l'Opéra Comique, Paris.

28.12.1927 - Théâtre Royal de la Monnaie, Bruxelles.

27. 9.1927 - Berlin, en allemand, dans une version allemande de M. Pappenheim.

15.11.1934 - Genève, création de la nouvelle orchestration pour 13 musiciens.

10.12.1934 - Théâtre de Turin.

5. 4.1935 - Prague.

1. 4.1937 - Philadelphie, dans une version anglaise de L.N. Finley.

11. 4.1937 - New York, Théâtre New Amsterdam, en anglais.

10.11.1937 - New York, en français.

22. 9.1937 - Vienne.

3. 2. 1938 - Reprise à l'Opéra Comique, Paris.

8. 3. 1940 - Anvers.

Signalons cependant que selon le «fichier-locations» des Editions Heugel et Cie, la 1000ème représentation du *«Pauvre Matelot»* eut lieu dès 1970.

CHAPITRE II

JEAN COCTEAU ET LES MUSICIENS

Cocteau qui avait collaboré à maint titre avec des musiciens, avait classé ses livrets d'opéras, arguments de ballets et poèmes mis en musique, sous le même terme générique: *Avec les musiciens*.

Ces textes qui sont nombreux reflètent, tout comme ses autres écrits, les multiples volte-face esthétiques et les fluctuations biographiques du poète qui avait pris pour devise «Je suis un mensonge qui dit toujours la vérité».

Jean Cocteau naquit à Maisons-Laffitte le 5 juillet 1889, dans une famille d'agents de change et d'amiraux. Le suicide de son père lorsque le poète avait à peine neuf ans, devait à jamais le traumatiser. Bien des années plus tard, il dira: «Nous étions une famille au bord de la ruine; d'ailleurs mon père s'est suicidé dans des circonstances qui feraient que personne ne se suiciderait plus maintenant» (67). Ce drame s'exprimera, de manière plus ou moins cachée, à travers la plus grande partie de se production littéraire.

Il était encore élève au lycée Condorcet, lorsque ses premiers poèmes furent lus par le célèbre comédien Max au théâtre Fémina. C'est à cette occasion qu'on exécuta probablement des mélodies de Tiarko Richepin et de Jacques Renaud, composées sur des poèmes de Cocteau (68).

Puis, ce fut la rencontre avec Reynaldo Hahn. Jean Cocteau rédigea pour lui une satire sur le mythe d'Ulysse: *la Patience de Pénélope, mensonge en un acte*. Mais on n'a trouvé aucune trace de la musique de cette satire que Reynaldo Hahn semble d'ailleurs n'avoir jamais composée (69). Pourtant, un deuxième projet, aboutit: Il s'agit du ballet *Le Dieu bleu* dont Cocteau écrivit le scénario avec le peintre Frédéric de Madrazo, le neveu de Reynaldo Hahn, qui composa la musique pour les Ballets Russes. Mais la création au théâtre du Châtelet, le 13 mai 1912, fut un échec, malgré la chorégraphie de Fokine et les décors de Bakst. Ce dieu bleu, dansé par Nijinsky, c'est Lord Krishna, jouant de la flûte.Sous une affabulation hindoue et un exotisme de pacotille (le temple sacré était inspiré des ruines d'Angkor) les auteurs essayaient d'évoquer les conflits entre le sacerdoce et l'amour humain. Cocteau attribue cet échec à la musique de Reynaldo Hahn, estimée pourtant par la critique «fort aimable, à la fois élégante et fine, d'une recherche harmonique qui ne va pas jusqu'à la subtilité, d'un heureux jet mélodique avec un orchestre chatoyant et discret» (70). Trop discret probablement pour soutenir la comparaison avec le reste du programme : *«L'Oiseau de feu»* de Stravinsky, *«Le Spectre à la Rose»* de Weber et les *«Danses Polovetsiennes»* de Borodine.

Au cours de l'hiver 1913/14 Jean Cocteau rencontra pour la première fois Darius Milhaud chez Madame Alphonse Daudet. A l'époque, Milhaud travaillait à la composition de la *Brebis égarée* tandis que Cocteau s'efforçait d'adapter le *Songe d'une nuit d'été* de Shakespeare. Eric Satie devait mettre ce texte en musique, mais ne donna pas suite à ce projet, à l'exception d'un fragment, intitulé *Cinq grimaces* qu'on trouva dans ses papiers après sa mort (71).

Peu de temps avant son départ pour les Etats-Unis (18 décembre 1915), Edgar Varèse emmena Cocteau chez Pablo Picasso. De cette rencontre allait naître *Parade*, ballet en un acte de Jean Cocteau, musique d'Eric Satie, rideau, décors et costumes de Pablo Picasso. C'est avec ce «spectacle cubiste», l'un des premiers à poser le problème des rapports entre les décors et les acteurs, que les «Ballets Russes» de Serge de Diaghilev inauguraient leur nouvelle manière. La création de l'ouvrage au Théâtre du Châtelet, le 18 mai 1917, fut pourtant un échec retentissant. Pour des raisons qu'on peut attribuer en partie aux circonstances, le spectacle apparut comme une bravade, «outrageante pour le goût français» et provoqua l'irritation profonde du public (72).

En effet, Satie, «cet inharmonieux, loufoque compositeur en machines à écrire et crécelles» (73) avait composé sur la demande de Cocteau un fond à certains bruits que le librettiste jugeait indispensable à préciser l'atmosphère. Cette ambiance «futuriste» devait contribuer, dans l'esprit de Cocteau, à rendre perceptible son caractère «réaliste», mais d'un réalisme assez particulier qui serait «plus vrai que le vrai». La conception même du spectacle revient sans doute à Cocteau d'abord, mais en raison de la forte personnalité de Picasso, le poète dut sacrifier une grande partie de ces «bruits suggestifs» (sirènes, machines à écrire, aéroplanes, dynamos, etc...). Cocteau en garda une certaine rancune et estima par la suite que l'oeuvre avait été jouée incomplète. Il n'alla jamais la voir dans la salle (74).

En définitive, la collaboration de Cocteau se résuma surtout à suggérer toute la stylisation des pas et des mouvements des personnages. La suppression des textes que Cocteau avait écrits pour lier les mouvements entre eux donna ainsi une orientation «cubiste» au ballet sur le plan esthétique; le spectacle prit ainsi l'aspect d'une «parade cubiste sans mots» et les conceptions «supra-réalistes» de Cocteau durent s'effacer partiellement devant celles de Picasso. Aussi, dans la présentation que nous fait Guillaume Apollinaire des idées de Cocteau dans le programme de *Parade*, il semble difficile d'y trouver un reflet fidèle à la fois du «cubisme à la Picasso» et du «supra-réalisme» à la Cocteau (75).

En 1913, la partition du *Sacre du Printemps* avait enthousiasmé Cocteau, et, sans demander son avis à Stravinsky, il avait d'office ébauché le livret de *David* auquel le Russe ne s'intéressa jamais. Pourtant, ce fragment, par sa conception d'un art, préfigure par le spectacle de cirque et l'importance des masques, aussi bien *Parade*, que les *Mariés de la Tour Eiffel*.

Cocteau participa à plusieurs spectacles du «Groupe des Six». Darius Milhaud s'étant amusé «à réunir des airs populaires, des tangos, des maxixes, des sambas et même un fado portugais et à les transcrire avec un thème revenant entre chaque air comme un rondo» (76). Il donna à cette fantaisie le titre de *Boeuf sur le Toit*» (77) qui était celui d'une rengaine brésilienne (78). Cocteau avait composé un scénario de pantomime-ballet qui semblait symboliser l'expression même de l'esthétique du music-hall et du caf'conc' qu'il avait prôné en 1918 dans le *Coq et l'Arlequin* (79). La farce de Cocteau était précédée, en première partie du spectacle, par un *Fox-trot* de Georges Auric, une *Ouverture* et *Cocardes* de Francis Poulenc et de «*Trois pièces pour orchestre*» d'Eric Satie (80).

Quelques mois après cet événement, Radiguet et Cocteau rédigèrent un livret d'opéra-comique d'après le roman *Paul et Virginie* de Bernardin de Saint-Pierre. Ce livret était destiné à Satie qui n'en composa pas une ligne. Après sa mort, plusieurs musiciens l'eurent entre les mains, d'abord Francis Poulenc qui le céda en 1931 à Henri Sauguet (81) qui, à son tour, le donna à Nicolas Nabokov.Mais aucun ne s'y intéressa suffisamment pour le mettre en musique, et, à ce jour, ce texte n'a toujours pas trouvé son compositeur (82). Il convient de préciser que l'une des raisons de cette défection générale réside probablement dans le fait que le roman de Bernardin de Saint-Pierre, paru en 1787, avait déjà été mis en musique à plusieurs reprises, d'abord en 1791 par R. KREUTZER, puis, en 1793 par LESUEUR, en 1800 par REEVE, en 1817 par P.S. GUGLIELMI, et enfin, en 1876 par Victor MASSE dont l'Opéra remporta un joli succès au siècle dernier puisque le livre dut être traduit en allemand, italien, anglais et même en suédois pour des représentations dans différents pays (83).

Après les représentations, en mai 1921, du *Gendarme Incompris*, une critique bouffe en un acte de MM. Jean Cocteau et Raymond Radiguet au Théâtre Michel, avec une musique de Francis Poulenc (84) ce fut enfin, le 18 juin 1921, au Théâtre Hébertot la création des *Mariés de la Tour Eiffel*. C'est sans doute l'oeuvre la plus importante que Cocteau ait réalisée avec la collaboration des «Six» (ou plutôt des «Cinq» car Louis Durey ne participa pas à l'entreprise).

La musique des cinq musiciens comportait neuf morceaux: 1. *Ouverture* de Georges Auric, 2. *Marche nuptiale* de Darius Milhaud, 3. *Discours du général* et 4. *La baigneuse de Trouville* de Francis Poulenc, 5. *Le massacre* de Milhaud, 6. *La Valse des dépêches* de Germaine Tailleferre, 7. *Marche Funèbre* d'Arthur Honegger, 8. *Quadrille* de Tailleferre et 9. *Marche Nuptiale* de Milhaud.

Cette oeuvre marque une date, non seulement dans l'ensemble des réalisations des «Ballets Suédois», mais aussi dans l'esthétique du théâtre de Cocteau. Rappelons brièvement l'argument. L'action se passe un 14 juillet, au premier étage de la Tour Eiffel, figurée par des décors au coloriage naïf. Entre alors en scène un photographe bossu qui installe son appareil pour tirer une photo. Une autruche s'en échappe. Un chasseur, habillé de vert, arrive sur ces entrefaites , poursuit l'oiseau, tire un coup de fusil silencieux et abat une dépêche, annonçant au directeur de la tour l'arrivée d'une noce. Hommes et femmes avancent aussitôt en cortège, au son d'une marche solennelle. Le photographe veut prendre une photo de la noce, mais maintenant, c'est une baigneuse qui s'échappe de l'appareil, puis un lion qui dévore un général et finalement toute la noce sera massacrée.

Tout ce que la petite bourgeoisie offrait de borné, était pris à parti. Aussi ce pamphlet, violemment satirique, dans lequel Cocteau s'était proposé de «déniaiser la niaiserie», suscita-t-il des réactions indignées et la soirée se termina avec un beau chahut auquel les amateurs de provocations violentes comme Tristan Tzara et ses amis dadaïstes n'étaient pas étrangers (85). Ce manifeste résume parfaitement les idées que Cocteau avait alors. Sous la forme d'une bouffonnerie, les *Mariés de la tour Eiffel* tentaient de poétiser le quotidien, le lieu commun, de transformer le banal en symbole, les pseudo-banalités devenant, sous l'impulsion du poète, des vérités élémentaires.

Par la suite, Jean Cocteau eut encore souvent l'occasion de travailler avec différents musiciens, aussi bien à l'occasion d'-*Antigone* (1924) avec Honegger qu'avec Darius Milhaud pour le *Train Bleu*, un ballet de circonstance commandé par Diaghilev pour lancer le danseur anglais Dolin (86).

Mais ces ouvrages étant ultérieurs à la conception du livret du *Pauvre Matelot*, nous arrêtons ici l'évocation des rapports de Cocteau avec les musiciens. Contrairement à une légende tenace (87), le livret du *Pauvre Matelot* ne fut nullement rédigé par Cocteau lors de vacances au Piquey. Pendant l'été 1921, Cocteau séjournait effectivement au Piquey, à l'hôtel Chantecler, tandis qu'en mai 1922, il s'installa d'abord au Lavandou, au Grand Hôtel (88). Puis, au milieu de l'été, il déménagea à la villa Croix Fleurie, à Pramousquier, Cap Nègre, pour y demeurer jusqu'au 8 novembre. C'est là que Cocteau acheva *Antigone,* qu'il écrivit ses deux premiers ouvrages romanesques *Thomas l'Imposteur* et le *Grand Ecart* et c'est surtout là qu'il rédigea en juillet 1922 le livret du *Pauvre Matelot* comme il ressort clairement de la correspondance inédite avec sa mère, conservée aux archives de Milly (89).

CHAPITRE III

LES SOURCES HISTORIQUES DU LIVRET DU PAUVRE MATELOT PERSISTANCE D'UN THEME ET TRADITION DE LA COMPLAINTE.

Rappelons tout d'abord le sujet du livret du *Pauvre Matelot* dont l'action, réduite à l'essentiel, tient en quelques lignes.

Un mari, parti pour de lointains voyages et que l'on croyait à jamais disparu, revient chez lui après quinze ans où l'attend contre tout espoir, une épouse farouche et fidèle. Elle tient avec son beau-père un bar en faillite. Le marin est méconnaissable et se fait d'abord reconnaître par son ami qui l'assure de la fidélité de sa femme. Mais il veut éprouver sa femme et se présente en étranger chez lui. Elle ne le reconnaît pas. Il donne donc des nouvelles de l'absent qui, dit-il, reviendra très prochainement, mais ruiné, criblé de dettes. Lui, au contraire, soi-disant ami du mari tant espéré, il a les poches pleines d'or et de perles. Elle offre l'hospitalité pour la nuit à cet inconnu si riche. La nuit venue, la femme se lève, et, s'armant d'un marteau, elle tue le matelot inconnu, pour s'emparer de ses richesses. Elle les remettra à son pauvre mari qu'elle pense maintenant revoir bientôt.

Tel est, dans son atroce sobriété, l'histoire que Jean Cocteau aurait transposée à partir d'un «fait divers» lu dans un journal local. Voici la propre version de Milhaud quant à l'origine de ce «fait divers»:

> «Le fils de pauvres paysans roumains, confié en bas âge à des cousins qui partaient chercher fortune en Amérique, n'avait jamais eu de rapports avec ses parents. Devenu un brillant étudiant, il désira les revoir et partit pour la Roumanie. Arrivé dans son village, il se proposa de passer la nuit chez ses parents, sans se faire connaître. Ceux-ci, l'ayant pris pour un riche étranger, l'assassinèrent» (90).

Milhaud ajoute que le texte lui plut énormément. «Cocteau le destinait à Georges Auric, mais ce dernier était trop occupé et accepta de me le céder». Jean Cocteau aime s'entourer de paradoxes. «Un artiste peut ouvrir, en tâtonnant une porte secrète et ne jamais comprendre que cette porte cachait un monde». Ce monde caché, c'est une certaine vision de la réalité, car seule la «réalité même bien recouverte possède la vertu d'émouvoir» (91). Le choix de ce fait divers réaliste, s'inscrit ainsi dans une conception particulière de la réalité esthétique. On peut y voir également un exemple supplémentaire d'un Cocteau pastichant Stendhal dans *«Thomas l'Imposteur»*, André Gide dans *«Potomak»* ou encore Victor Hugo dans *«L'Aigle à deux têtes»*. Ce qui importe, c'est que Cocteau a choisi précisément ce fait divers ou cette complainte là, et non pas un autre sujet.

Relevons un autre fait important. Cocteau a transformé le «fait divers roumain», rapporté par Milhaud. Ce n'est plus la mère indigne qui tue son fils, c'est la femme qui tue son mari dans le *Pauvre Matelot*. Troisième point troublant. Il nous est impossible de vérifier les circonstances exactes de cette lecture du «fait divers roumain publié dans un journal local du Piquey (en 1921 donc?). Les indices fournis par les amis de Cocteau se perdent dans les brumes lointaines de Roumanie. N'est-il pas étonnant, en vérité, que le «fait divers roumain», sensé appartenir à l'actualité de 1921, ne figure dans aucun des grands journaux parisiens mais seulement dans une gazette locale du Piquey (92) ? On se demande de quelle « feuille de chou » il peut bien s'agir ? Nous savons par contre, avec précision, que Cocteau se trouvait en juillet 1922 avec Radiguet à Pramousquier, dans le Var (Cap Nègre), et que c'est là qu'eut lieu, en juillet 1922, la rédaction du livret (93).

Un quatrième élément troublant nous est fourni par une allusion de Milhaud à la complainte du *Retour Funeste* qui, s'étonne le compositeur, «revient sans cesse dans le folklore et la littérature»:

> «Pendant notre voyage aux Etats-Unis en 1927, alors que nous nous amusions à parcourir un album de vieilles chansons françaises que l'on chantait au Canada, notre attention fut attirée par le *Funeste Retour* qui décrivait les aventures d'un mousse, parti en congé chez sa mère qu'il n'avait pas

revue depuis longtemps et qui l'assassinait. Il est curieux que ce thème revienne sans cesse dans le folklore et la littérature. Albert Camus s'inspira d'une situation semblable dans le *Malentendu* et il relatait dans l'*Etranger* une aventure analogue» (94).

Il faut bien avouer qu'Albert Camus n'est guère plus précis que Cocteau lorsqu'il raconte dans l'*Etranger* comment *Meursault* découvre dans sa prison «un vieux morceau de journal (...), jauni et transparent. Il relatait un fait divers dont le début manquait, mais qui avait dû se passer en Tchécoslovaquie » (95). Au XIXème siècle, et même pendant le premier lustre de ce siècle, les écrivains situaient volontiers leurs histoires fantastiques dans les pays lointains. Exemple, le Comte Dracula et ses nombreux rejetons qui sont tous d'origine balkanique. A moins d'accepter la thèse de la «persistance d'un même thème», voire d'une coïncidence significative à travers les siècles, on est bien obligé de renverser les données du problème pour se poser la question suivante:

Les différentes adaptations littéraires du fait divers du «fils assassiné par ses parents», n'auraient-elles pas, en vérité, toutes une seule et même source authentique, historiquement vérifiable: celle de la *«Complainte du retour funeste»*? Celle-ci remonte au XVIIème siècle (96) et l'on en rencontre de nombreuses versions, non seulement dans le folklore canadien, mais aussi en France, en Suisse, en Allemagne. Les différentes versions de cette complainte et ses probables adaptations littéraires (tragédies de la fatalité, *Pauvre Matelot, le Malentendu*) ont fait, au cours des siècles, en raison du sujet spectaculaire, l'objet de nombreuses publications. La recherche d'une source est souvent hasardeuse, à moins que l'auteur ne l'ait précisée lui-même.Quatre hypothèses se présentent donc à nous:

- la source du «fait divers roumain»,
- la complainte du «Retour funeste»,
- ses adaptations littéraires (tragédies de la fatalité),
- double influence, l'intrigue étant fournie à la fois par le fait divers contemporain à 1921 et la complainte du «Retour funeste».

Disons-le nettement. Nous tenterons de mettre fin à la légende officielle d'un Cocteau, rédigeant le livret du *Pauvre Matelot* en suivant uniquement la ligne tracée par le «fait divers roumain». Pour ce faire nous mènerons notre propre enquête en partant à la recherche de la complainte du «Retour funeste», mentionnée par Milhaud.

LA COMPLAINTE DU «RETOUR FUNESTE»

«L'album de vieilles chansons françaises que l'on chantait au Canada» (97), mentionné par Milhaud, est en fait un ouvrage publié en 1925 à New Haven, par la Yale University Press, intitulé: *Folk Songs of French Canada*. Les auteurs en sont Marius BARBEAU et Edward SAPIR. Aux pages 45 - 49, les auteurs reproduisent la version canadienne de la complainte du «Retour Funeste» (*The tragic home-coming*). Nous la citons à notre tour:

LE RETOUR FUNESTE

1. C'est un garçon, vive-la-joie, s'en allant en campagnes,
Il a bien été quatorze ans
Sans nouvelles de ses parents.

2. Au bout de quatorze ans passés, fut voir son capitaine.
« Mon capitaine, je voudrais bien
M'en retourner dans mons pays».

3. «Mon cher enfant. J'ai grand pitié de ta pauvre indigence.
Quand tu iras dans ton pays.
Tu ne seras pas reconnu».

4. Le premier logis qu'il a fait, c'est au logis d'sa tante.
«Bonjour, madame de céans!
Pourrait-on loger ici en payant?

5. «Tenez, madame de céans, voici ma valise;
Elle est remplie d'or et d'argent,
De riches bagu's et de diamants».

6. A chaque pas mais qu'il faisait, sa tante le regarde:
«Ah! Je vois bien par vos doux yeux
que vous êtes un de mes neveux».

7. «Si je suis un de vos neveux, n'en dit' rien à ma mère.
n'en parlez point jusqu'à demain,
jusqu'à demain de grand matin ».

8. Le deuxièm' logis qu'il a fait, c'est au logis d' sa mère.
«Bonjour, madame de céans!
Peut-on loger ici en payant?

9. «Tenez, madame de céans, voici ma valise;
Elle est pleine d'or et d'argent.
De riches bagu's et de diamants».

10. Le lendemain, de grand matin, s'en va droit chez sa soeur,
«Bonjour, ma soeure de céans!
Où est allé le gros marchand?»

11. «Ma soeur, il a pris son départ; trop tard tu es venue».
Elle a tiré le rideau blanc,
Trouvé les draps tout pleins de sang.

12. «Hélas! ma soeur, qu'as-tu donc fait? Tu mérites la corde.
Tu as tué ton pauvre enfant;
Voilà quatorze ans qu'est absent.»

13. «Ah oui, ma soeure de céans! raison veut que je meure».
A dégaîné son grand couteau,
Se l'est passé dans les boy aux (98).

Permanence d'un thème signifie références stables : topologie, typologie, situations. Ce qui paraît neuf à l'observateur superficiel n'est souvent qu'une reprise de thèmes anciens. Si la tradition et l'histoire nous transmettent un grand réservoir de thèmes sous la forme de mythes, légendes, de faits divers, tout se passe comme si depuis le XVIIème siècle jusqu'à nos jours réapparaissait périodiquement le même thème du «fils assassiné par sa mère», mais sous des formes culturelles et des techniques d'adaptation différentes. L'étude du livret du *Pauvre Matelot* se placera donc d'abord dans une perspective historique et tentera de dégager les sources primaires, la complainte en tant que chanson populaire, destinée à célébrer un événement tragique, et plus particulièrement la complainte «du Funeste Retour». La complainte doit appeler à la commisération publique sur des amours malheureuses, une exécution de justice. La plupart des crimes célèbres ont fourni le sujet de complaintes du genre criminel (99).

La complainte, dans sa forme populaire, connut une grande vogue à partir du XVIIème siècle pour atteindre son apogée en France au XVIIIème siècle. Il existait alors des chanteurs ambulants, qui parcouraient divers pays, débitant leur répertoire de village en village, et vendant au public le texte imprimé de leurs productions. Ces complaintes profanes racontaient surtout les crimes célèbres et se colportaient de foire en foire. On s'arrachait les feuillets imprimés, relatant ces abominations. De grossières peintures reproduisaient avec un réalisme affreux toutes les péripéties du forfait (100). On distingue globalement quatre types différents de la complainte:

- la complainte sur des sujets religieux (par ex. celle du *Juif errant* (101), ou celle de *Geneviève de Brabant* (102).
- la complainte légendaire , tragique et dramatique, par ex. *l'-Histoire de Damon et Henriette*,
- les chansons historiques, par ex. *Mort et Convoi de l'invincible Malbourough*,
- les complaintes criminelles, basées sur des faits divers.

Les complaintes du genre criminel débutaient souvent par une sorte d'invitation, adressée à l'assistance. Exemple la célèbre complainte du Fualdès, modèle du genre criminel:

Ecoutez, peuple de France
Du royaume du Chili,
Peuples de Russie aussi,
Du Cap de Bonne-Espérance
Le mémorable accident
D'un crime très conséquent

Ce début traditionnel sous la forme d'une invitation à l'assistance, se retrouve dans une autre version de la complainte du «Funeste Retour», recueillie en 1834 par Pierre Bernard Premery dans le Nivernais.

«Venez peuple fidèle
Pour entendre chanter
Un récit bien fidèle.
C'est un jeune guerrier
Revenant de la guerre
Il avait son congé
En passant dans la ville,
Sa soeur l'a rencontré ... etc... (103).

Achille MILLIEN fait état d'une autre version de la complainte du «Retour Funeste» recueillie après 1877 dans le Nivernais, mais qui comportait une mélodie différente de celle de PREMERY (1834). A l'exception de la musique, ces deux versions sont presque identiques (103). Elle s'intitule: «*Le soldat tué par sa mère*».

Dans la *Revue trimestrielle de la musique populaire,* J. BUJEAUD publia en 1906/7 une version, recueillie dans le Poitou, intitulée «*Ce sont les filles du Maréchal*» (104).

La version de la complainte «*Le fils assassiné par sa mère*», recueillie par A. ROSSAT dans le Valois, est sans doute plus récente que les autres versions citées, car il y est question de la guillotine (105). Voici la version du Valois, citée par Rossat:

Quand j'étais petit enfant
J'étais le poupon de ma mère
A présent que j'en suis grand
Je m'en vais au régiment.

J'ai bien resté 14 ans
sans jamais voir ma mère.
Capitain', signez-moi un congé
Au pays je veux aller.

Premier logement qu' j'ai fait,
C'était en chez ma mère
Madam', c'est-il pas ici
qu'on doit loger des officiers?

Officier, entrez dedans,
Voilà-z-y des belles chambres
Et de beaux lits préparés
pour loger des officiers.
La tante qui était là y me regarde
Vous ressemblez mon neveu
C'est bien quatorze ans que je t'ai point vu.

Quand il vient à la minuit
la cruell' mèr' se réveille
Servante, apporte-moi un flambeau
tout promptement môlé (aiguisé) un couteau.
Premier coup qu'il a donné crie:
«O grand Dieu, Vierge Marie,
Grand Dieu, que vous me faites souffrir!
C'est donc ici qu'y m' faut mourir».

Ah, ma soeur, tu ne sais pas?
Hier soir, tu étais endormie,
L'officier, je l'ai tué
C'est pour avoir tout son argent.

Ah, ma soeur, cruelle soeur,
Tu as tué ton fils de guerre,
Fils de guerre, je l'tai tué,
La guillotinaire j'ai mérité! (106).

En dehors des versions du Poitou, du Valois, BARBEAU et SAPIR font état de dix versions canadiennes (107).

Les différentes versions de la complainte du «Funeste Retour» possèdent un certain nombre d'éléments qu'on retrouve aussi dans le livret de COCTEAU, mais qui, chose curieuse, ne figurent pas dans le mystérieux fait divers «roumain». L'intrigue, l'action, la situation et les caractères sont similaires. Ce que dit Cocteau dans le *Pauvre Matelot*, et ce que dit la complainte n'est pas identique certes, et pourtant, c'est le même fond qui est relaté à des centaines d'années de distance (Voir à cet égard le chapitre de l'analyse structurale).

La complainte possède un certain nombre de caractéristiques qu'on peut schématiser ainsi:

- style simple et naïf (chez Cocteau, le dialogue parlé),
- intégration dans le fond local (soldat - marin),

  Les différentes versions d'un même fait divers sont en quelque sorte réécrites et situées dans l'époque et le cadre géographique correspondants (France, Canada, Suisse, Allemagne).

- perspective d'une observation réaliste.

Les différents recoupements et comparaisons de toutes les versions disponibles font remonter l'origine du *Funeste Retour* probablement à la première partie du XVIIème siècle, autrement dit, l'époque de Louis XIII, de Richelieu et celle de la Guerre de Trente Ans (1618 - 1648) en Allemagne. Barbeau et Sapir ont présenté une autre hypothèse selon laquelle l'ancienneté de la complainte canadienne remontait, sous toutes réserves, au XVème ou au XVIème siècle (voir l'exemple musical No 1 de cette version) (108). Mais étant donné que les colporteurs accompagnaient la récitation de ces complaintes tantôt par tel chant populaire, tantôt par un autre (voir les différentes versions du Nivernais) (109), cette hypothèse paraît difficilement défendable.

Outre le grand nombre de versions européennes et canadiennes de la complainte du *Funeste Retour*, il convient de noter également un certain nombre d'adaptations de la complainte pour la scène, et, en premier lieu, *Fatal Curiosity* de LILLIO. Deux adaptations allemandes de cette pièce furent réalisées au XVIIème siècle: *Wilmot et Agnes* de BROEMEL et *Blunt oder der Gast* de MORITZ (110).

Au XIXème siècle, on assiste au même phénomène de prolongement. Comme le *Pauvre Matelot* ou le *Malentendu* de CAMUS, la plupart des tragédies de la fatalité *(Schicksalstragödien)* se situent dans la continuité de la complainte du «Retour Funeste» (du fils assassiné par sa mère). Le rapport intime entre l'intrigue de la complainte et ses différentes adaptations littéraires est souligné par l'insistance des auteurs sur la «découverte d'un fait divers impressionnant», fournisseur préférentiel de l'intrigue. De même que l'origine du *Pauvre Matelot* est attribué à la découverte d'un fait divers «roumain», rapporté dans un journal local du Piquey, la paternité de l'idée de la célèbre tragédie de la fatalité de Zarachias WERNER - *Der vierundzwanzigste Februar*, publiée en 1815, est attribuée à Goethe. Celui-ci, vivement impressionné par la lecture de l'horrible fait divers du «fils assassiné par sa mère» paru dans un journal de 1809, aurait conseillé à Werner d'utiliser cet argument pour sa nouvelle pièce (111). Nous avons déjà souligné la double filiation du fait divers «relaté dans un vieux morceau de journal» évoqué par Meursault dans l'*Etranger* qui fournira à son tour l'intrigue du *Malentendu* de Camus (112).

A quoi tient l'incroyable floraison des «tragédies de la fatalité» au XIXème siècle en Allemagne? Il est fort probable qu'elle résulte de l'adaptation de la problématique de la complainte aux interrogations sociales de l'époque. Cette problématique, rappelons-le, tourne autour de quelques éléments fort simples: hasard fatal, intrigue simple, enchaînement causal fortuit de circonstances malheureuses, entraînant la perte des protagonistes. En effet, le thème essentiel en est presque toujours une sorte de dialectique impossible entre le désir d'épanouissement social de l'individu et l'impossibilité de le réaliser. Cette impossibilité qu'on attribue à tort à une fatalité aveugle, résulte en réalité des structures sociales qui maintiennent l'individu dans un réseau de fils invisibles (113).

CHAPITRE IV

PLAN DES SCENES ET TABLE DES MORCEAUX

La table des matières de la partition piano et chant, publiée en 1927 par les Editions Heugel, comporte une douzaine d'airs séparés. Malheureusement, cette table ne traduit aucunement la forme véritable du *Pauvre Matelot*. On peut supposer qu'elle fut établie par l'imprimeur ou le graveur.

Nous devons donc dégager la véritable forme de l'œuvre mais en partant du texte de Jean Cocteau. Pour ce faire, nous procéderons à la manière d'un compositeur chargé de mettre le livret en musique. Comment faire ressortir la structure logique du texte? (114).

A cet égard, un premier critère s'impose. Il paraît nécessaire de dégager d'abord les différentes scènes, une scène se distinguant d'une autre par la quantité ou la diversité des personnages en présence. On remarque tout d'abord que Cocteau pouvait mettre en scène de un à quatre acteurs, mais que la présence d'un nombre déterminé de personnages en plus ou en moins donnait ainsi son caractère propre à chacune des scènes.

Le critère principal, caractérisant cette unité dramatique qu'est la scène de théâtre, n'est donc pas d'ordre musical, mais d'ordre purement quantitatif. On serait tenté de dire que la mise en scène préside à l'ordonnancement de la pièce dans le cas présent. Ainsi, lorsqu'il y a trois acteurs en scène, une nouvelle scène débute de ce fait.

Par conséquent, l'air séparé ou le récitatif chanté constituent une unité d'ordre inférieur par rapport à la scène et ne représentent que les parties d'une scène. Une scène peut donc se composer de deux, de trois ou d'un seul air par exemple.

Partant de ce principe, nous pouvons désormais établir le plan de toutes les scènes du *Pauvre Matelot*, en nous conformant à un certain ordonnancement. Par ailleurs, nous préciserons les tessitures ou les caractéristiques vocales des personnages, soit de la voix de soprane de la FEMME, la voix de ténor du MATELOT, la baryton de l'AMI et la basse du BEAU-PERE. Pour abréger, nous mettrons la première lettre désignant ces rôles:

F–Femme, A–l'Ami, M–Matelot et B–Beau-Pere.

Nous obtenons par conséquent le plan que voici:

PLAN DES SCENES

La forme globale du Pauvre Matelot

(Plan des scènes)		P/C, page	mesures
ACTE I			
Prélude orchestral		1 - 2	1 - 34
Scène I	F – A –	2 - 10	35 - 143
Scène II	F – A B	10 - 18	144 - 208
Scène III	F – – B	18 - 22	209 - 248
Scène IV	– M – –	23 - 24	249 - 278
Scène V	– M a –	24 - 26	279 - 417
ACTE II			
Interlude orchestral		*37*	*418 - 428*
Scène VI	– M A –	37 - 38	429 - 443
Scène VII	F M – –	38 - 43	444 - 483
Scène VIII	F M – B	43 - 55	484 - 605
Scène IX	F M A B	55 - 58	606 - 645
ACTE III			
Mort du matelot et			
Prélude du 3ème acte (F M)		59 - 61	646 - 681
Scène X	F M – B	61 - 68	682 - 767
Scène XI	F M A B	68 - 69	768 - 777
Scène XII	F M – B	69 - 70	778 - 804

F – la femme
M – le matelot
A – l'ami
B – le beau-père

Décor du *«Pauvre Matelot»* de MM. Deshays et Arnaud, selon une maquette de Jean Cocteau. Le «Bar de son Ami», à gauche, et celui de «Sa Femme», à droite, sont fermés à la face par un tulle peint représentant un mur rendu opaque par l'éclairage de la rampe. Dès qu'une action commence, soit à gauche, soit à droite, le mur disparaît par un effet d'éclairage intérieur et l'extinction de la rampe, pour réapparaître de nouveau aussitôt que l'action a cessé. (Archives HEUGEL et Cie, Paris).

Ce premier découpage, donnant le plan des scènes, nous permet de faire quelques observations intéressantes. Nous notons d'abord que la construction dramatique de la pièce est à peu près conforme à la structure dramatique classique en trois temps opposés :*Exposition* (acte I), *Péripétie* (acte II) et *Catastrophe* (acte III).

De plus, on voit très bien que la disposition des personnages obéit à un plan très précis dont les particularités sautent aux yeux. Il s'agit d'une structure close, renfermée sur elle-même. On note des rapports entre la première scène et la IXème scène, faisant un tout de la somme des 1er et 2ème actes et assure ainsi la transition. Enfin, les scènes II/III et VII/VIII ont des rapports inversés; autrement dit, les scènes II et VIII sont en rapport et les scènes III et VII aussi. Bien entendu, dans ce cas l'ami est remplacé par le mari. La structure de l'acte III est close aussi, les scènes X et XII sont indentiques sur la plan de la mise en place des personnages. De plus, on relève une progression inverse sur le plan quantitatif; l'acte I comporte 5 scènes, l'acte II 4 et l'acte III 3 scènes seulement.

Pour obtenir l'enchaînement des trois actes, COCTEAU utilise de plus un procédé assez particulier. Ainsi, l'acte I se termine par une scène qui oppose le matelot et l'ami. L'acte II débute par la mise en présence des mêmes personnages.

Le IIème acte se termine par la mise en présence de la femme et de l'ami qui parlent ensemble, tandis que le matelot et le beau-père font acte de présence, mais se taisent. Or, ce silence est révélateur. Il sert de liaison au IIIème acte. En effet, à partir de cet instant, le matelot ne dira plus un mot, et pour cause, puisque la femme s'est employée à le faire taire à tout jamais.

D'une manière générale, la forme d'un opéra est subordonnée au texte, au livret. Mais il existe évidemment plusieurs façons de subordonner la musique au texte. Selon la quantité des personnages en présence, ou encore la manière dont ces personnages agiront, la musique sera structurée en airs, récitatifs, duos, trios, choeurs, etc.. La forme, tout en étant le résultat de l'action, peut prendre plusieurs aspects, dont deux paraissent privilégiés dans l'histoire de la musique lyrique:

Premièrement, celui du style ancien de l'opéra, composé d'une succession de numéros, chaque numéro constituant alors un tout, un air, une cavatine, un récitatif. Exemple: *Don Juan* de MOZART. Afin d'éviter l'inconvénient d'un défilé de morceaux séparés, donc d'un morcellement, les auteurs ont introduit le recitativo secco, séparant d'une part un air d'un autre. De plus, ce procédé assure le progrès de l'action dramatique.

En second lieu, il faut noter que dans le drame lyrique moderne (c'est-à-dire, à partir de Wagner et Debussy), l'unité dramatique ne se résume plus au morcau, au numéro séparé. Elle est représentée par la scène complète.La continuité dramatique est alors assurée par l'enchaînement des phrases musicales.

Le procédé employé à cet égard est celui du motif conducteur chez Wagner et celui du récitatif mélodique chez Debussy. Quant à Milhaud, il réussit à assurer aussi bien l'unité dramatique que le développement dramatique de façon assez particulière. Mais la question se pose pour nous: Le *Pauvre Matelot* est-ce un jaillissement continu de mélodies, réinventées par Milhaud dans le style populaire qui, en raison du procédé de développement mélodique, paraît en effet continue et les seules coupures sembleraient se situer entre les actes?

Selon une autre hypothèse, le *Pauvre Matelot* se composerait d'une suite d'airs et de duos, enchaînés par des passages basés sur le récitatif chanté. Cette hypothèse n'est guère satisfaisante non plus, car en réalité le procédé employé par Milhaud est un procédé hybride, conditionné par le texte de Cocteau.

En effet, le livret de Cocteau n'est pas un livret d'opéra dans le sens traditionnel du terme. A aucun moment, le compositeur ne peut faire chanter les acteurs en trio ou en quatuor, le texte ne le permet pas. Nous sommes en présence d'un dialogue parlé, de phrases toutes simples, banales, supposées faire «plus vrai que le vrai», phrases réalistes donc qu'on pourrait entendre à n'importe quel moment dans un café ou lors d'un bal. Quoi de plus banal que de dire: «Vous aimez la danse?» Vous habitez chez vos parents? ... Bon soir, je rentre...» (115).

Même lorsque trois auteurs se trouvent en scène en même temps, jamais ils ne chantent véritablement ensemble des accords ou des intervalles simultanés. C'est toujours le chant alternatif, le dialogue qui régit les scènes. Pour parler, on attend que l'interlocuteur ait terminé sa phrase. Ne parlons pas tous en même temps si nous voulons nous comprendre, si nous voulons le dialogue.

De même, lorsqu'il y a deux personnages en scène, la femme et le beau-père, ou la femme et le matelot, ou encore la femme et l'ami, ils ne chantent jamais en duo, des intervalles simultanés. C'est toujours le chant alterné, successif, disloqué.

Or, dans cette pièce, seuls deux personnages s'entendent suffisamment bien pour pouvoir chanter ensemble quelque temps: Il s'agit du matelot et de l'ami qui chantent effectivement ensemble aux mesures 319 - 330. Pourquoi s'établit un dialogue entre ces deux personnages pendant cette scène particulière? Pourquoi n'en est-il pas de même pour les autres personnages?

Nous ne pensons pas qu'il s'agisse là d'un hasard, mais d'un moment privilégié, voulu par les auteurs. C'est l'instant même où le matelot est reconnu par quelqu'un, la seule fois où s'établit une véritable relation humaine, sociale, la scène précisément où l'ami reconnait le matelot.Et pourtant, cette reconnaissance a lieu à la suite d'une discussion violente. Par contre, les rapports entre les autres personnages se caractérisent justement par l'absence d'une véritable relation sociale.Chacun est centré sur son propre Ego et l'autre est plus ou moins chosifié.

La structure de la pièce étant dégagé et le relevé des scènes étant établi, nous pouvons maintenant réaliser un modèle un peu plus perfectionné, plus détaillé, faisant ressortir des unités inférieures, généralement plus petites qu'une scène, unités que nous appellerons air ou morceau chanté. En effet, chaque scène, mettant en présence plusieurs rôles, peut comprendre plusieurs morceaux chantés, un, deux ou trois selon le cas.

Il faut donc découper la partition en unités formelles de plus en plus petites, actes, scènes, airs, phrases, motifs. Grâce à cette méthode, nous arriverons finalement à établir le modèle formel de cet opéra de quarante minutes. Ce modèle formel devra être inscrit sur une seule page. De cette manière, la qualité de la forme du *Pauvre Matelot* sera immédiatement perceptible.

On comprendra ainsi aisément toutes les implications formelles et les rapports symétriques ou asymétriques des unités formelles de cette complainte.

Le Pauvre Matelot: Tables des morceaux

ACTE I

Prélude orchestral (mesures 1 - 34)

Scène I: La femme et l'ami

1er morceau: mes. 35 - 69 «Vous aimez la danse?»
mes. 70 - 97 (P/C p. 5 - 7) «Malgré ma tristesse, j'ai appris à danser».
mes. 98 - 112 (P/C pp. 7 - 8) «Oui, les chansons des marins racontent...»

2ème morceau: mes. 113 - 143 (P/C pp. 8 - 10) «J'aurais volé, tué pour lui».

Scène II: La femme, l'ami, le beau-père (P/C pp. 10 - 18)

3e morceau: mes. 144 - 155 (P/C pp. 10 - 11) «Toujours la même rengaine» (B - P)

4e morceau: mes. 156 - 208 (P/C pp. 12 - 18) «Vous nous voyez vivre ensemble?»
(L. F.)

Scène III: La femme et le beau-père (P/C, pp. 18 - 22)

5e morceau: mes. 209 - 248 (p. 18) Sa Femme: «Père, père, d'abord il faut que je devienne veuve».

Scène IV: Le matelot, P/C pp. 23 - 24

6e morceau: mes. 249 - 278 «Notre rue est toute petite» (le matelot)

Scène V: Le matelot et l'ami, P/C pp. 24 - 36 (mes. 279 - 417)

7e morceau: mes. 279 - 352 «Vous n'êtes pas saoul de réveiller les gens»

8e morceau: mes. 353 - 417 (P/C 31 - 36) «Calme-toi, ce n'est pas ta faute».

ACTE II

Interlude orchestral, P/C p. 37, mes. 418 - 428

Scène VI: Le matelot, l'ami, pp. 37 - 38, mes. 429 - 443

9e morceau: mes. 429 - 443 «Bonne chance».

Scène VII: La femme et le matelot, pp. 38 - 43 (mes. 444 - 483)

10e morceau: mes. 444 - 483 Sa Femme: «Entrez, le Matelot «Je viens, je viens»

Scène VIII: P/C pp. 44 - 55, mes. 484 - 6o5. La femme, le matelot, le beau-père.

11e morceau: mes. 484 - 516. D'abord «Vous trouverez de l'argent» (6 mesures) puis «Cher époux» (mes. 490)

12e morceau: mes. 517 - 545 (P/C pp. 48 - 50) «On préparait mon sacrifice» (M.)

13e morceau: mes. 546 - 568 «Tromper sa femme, sauver sa peau»

14e morceau: mes. 568 - 582 «Allons, vous êtes orgueilleuse».

15e morceau: mes. 583 - 6o5 «Vous apportez des nouvelles».

Scène IX: La femme et l'ami, P/C pp. 55 - 58, mes. 606 - 645)

16e morceau: mes. 606 - 645 «Il faut croire que la pièce marche».

ACTE III

Prélude orchestral du 3ème acte (chanson de marins «Hardi les gars, 646 - 681)

Scène X: La femme et le beau-père, mes. 682 - 767

17e morceau: mes. 682 - 695 «Qui va là?»

18e morceau: mes. 696 - 726 «Avec le marteau, j'ai frappé».

19e morceau: mes. 727 - 767 «Il faut avoir du courage» (P/C pp. 66 - 68)

Scène XI: L'ami, P/C, pp. 68 - 69, mes. 768 - 777

20e morceau: mes. 768 - 777 «Je vais les voir sans qu'ils s'en doutent»

Scène XII: mes. 778 - 8o4, La femme et le beau père

21e morceau: «Allons, mon père, prenons-le, vous par les pieds, moi par le cou» mes: 778 - 8o4.

CHAPITRE V

ANALYSE STRUCTURALE DU LIVRET ET DE LA COMPLAINTE DU RETOUR FUNESTE

L'analyse suivante s'inscrit dans le prolongement de la méthode d'analyse de Vladimir PROPP (116) que nous avons déjà employée dans le premier volume de cette étude. Nous l'appliquerons ici à la fois à la *Complainte du Retour Funeste* et au livret du *Pauvre Matelot* afin de dégager les ressemblances et les divergences de ces deux textes. Nous estimons en effet que le livret naturaliste ne se rapporte pas essentiellement à une réalité empirique précise, mais qu'il est, pareillement au conte fantastique, fondé sur des univers imaginés par tel ou tel auteur dont on connaît l'état civil.

Comparons d'abord les «sphères d'action» de la complainte et du livret. Dans les deux cas, on ne retrouve pas la totalité des sept sphères d'action, décrites par Propp. Le livret aussi bien que la complainte ne comportent que quatre rôles, correspondant, à priori, aux sphères du HEROS (le matelot, le garçon), de l'AGRESSEUR (la Femme, la mère cruelle), de l'AUXILIAIRE (le Beau-père, le Capitaine) et du DONATEUR (l'Ami, la Tante). On ne peut se tromper ici sur les sphères d'action de l'ami et du beau-père. Le premier correspond au «Donateur», car il prête son logis au matelot. De plus, il remet un objet spécifique (le marteau) à la femme. Le second, le beau-père, correspond à la sphère d'action de l'AUXILIAIRE, car il aide la Femme au bar et jette avec elle le cadavre du matelot dans la citerne.

Il en est de même dans la *Complainte du Retour Funeste.* Le «DONATEUR» est ici la Tante. De même que chez Cocteau, elle met son logis à la dispotion du Garçon. Nous avons là une action absolument identique. Quant au «Capitaine» de la complainte, son rôle est secondaire, il n'apparaît que dans les deuxième et troisième strophes de la version la plus ancienne de de cette complainte. Son rôle consiste surtout à lever l'INTERDICTION de PARTIR (de quitter l'armée) et à ANNONCER le MEFAIT (de façon cependant indirecte): «Mon cher enfant, j'ai grand pitié... Quand tu iras dans ton pays, tu ne seras pas reconnu». L'ANNONCE du MEFAIT manque du reste dans la version ultérieure du Valois de cette complainte du «*Fils assassiné par la Mère*» où le rôle du capitaine se limite à «signer un congé» (TRANSGRESSION de l'INTERDICTION, autorisation de départ), mais on y trouve un auxiliaire supplémentaire, la servante «qui aiguise le couteau».

Dans la complainte du *Retour Funeste*, fondée sur l'idée du «crime contre nature», dont se rend coupable «une cruelle mère» (version Valois), les sphères d'action sont tout à fait claires. Le Garçon est le HEROS-VICTIME, tandis que la cruelle mère est l'AGRESSEUR.

Dans le *Pauvre Matelot*, par contre, la situation est plus complexe. A première vue, on pourrait sans doute considérer le matelot comme le HEROS-VICTIME tandis que la FEMME pour des raisons évidentes, serait l'AGRESSEUR. (Elle agressera fortement le matelot en lui fracassant la tête avec un marteau). Mais dans l'univers de Cocteau, hérissé de points d'interrogation, ce n'est pas aussi simple. En plus de la fatalité ordinaire, intervient ici une «fatalité psychologique» avec des «harmoniques inconscients», relevant de la psychologie du poète.

Il en résulte que les personnages semblent échanger leurs rôles respectifs au cours de la pièce. Ainsi, en raison de son «méfait initial», le MATELOT se change, de HEROS-VICTIME en «AGRESSEUR». Il abandonne son épouse, ne donne aucune nouvelle pendant quinze ans, puis, il revient INCOGNITO, fait quantité de mensonges sur le prétendu retour du mari, couvert de dettes, etc... Bref, il agressera verbalement son épouse. Alors, s'il en est bien ainsi, notre «héros» n'est plus qu'une sorte de «faux-héros», tandis que la FEMME qui est l'AGRESSEUR, certes, est aussi la VICTIME puisqu'elle est abandonnée par le mari, qu'elle est contrainte d'attendre pendant quinze ans en subvenant elle-même à ses besoins.

Voilà donc une situation tout à fait paradoxale, d'une ambivalence complète, où les héros se transforment en victimes et inversement. On est tenté de qualifier ces métamorphoses successives, semblables à celles du conte fantastique, de «substitutions en chaîne». Au risque d'anticiper sur le chapitre suivant, disons tout de suite que cette situation paradoxale peut s'expliquer par le recours au «Mythe orphique», proposé par MILORAD (117). Cette interprétation est fondée sur une double identification, celle du poète à la femme, et celle du matelot au père de Cocteau (suicidé lorsque le poète avait neuf ans).

Tout ceci nous permet d'établir maintenant le relevé des sphères d'actions (voir page 53).

	SPHERES D'ACTIONS			
SUJETS	HEROS-VICTIMES	L'AGRESSEUR	LE DONATEUR	L'AUXILIAIRE
Complainte du retour funeste	Le fils assassiné par sa mère (soldat ou officier)	La mère cruelle	La Tante prête son logis.	Le Capitaine accorde le congé. La servante, aiguise le couteau.
Le Pauvre Matelot	Le Héros : le Matelot La Femme: Victime-Héroïne.	La Femme meurtrière Le Matelot - Usurpateur	L'Ami, prête son logis et transmet le marteau.	Le Beau-Père aide au bar et jette le cadavre.
MYTHES Orphique Oedipien chez Cocteau	Eurydice Laius Le Père du Poète Cocteau	Orphée Oedipe Cocteau Son Père	Substitutions en chaîne........ Substitutions....	
SENTI-MENTS ambivalents	Amour Auto-Punition Père aimé disparu Epoux idolâtré disparu	Haine Châtiment Vengeance Méfait : Abandon du jeune enfant, de la femme.	Malgré les apparences, l'ami n'est pas jaloux. Son attitude est simplement amicale.	Convoitise des attributs de la puissance du père : l'or et les perles dans le conte et l'argent dans l'univers de
Objets magiques	La Valise (perles or, diamants et argent)	Couteau Marteau	L'ami remet à la femme l'arme du crime: le marteau.	
Interdits	Eros, Eurydice, Incognito du mari Interdiction formelle d'être vu. Le matelot s'adonne à la prostitution avec une reine sauvage.	Interdiction de regarder : Psyché, Orphée. La femme ne reconnaît pas son mari, elle est frustrée.	Marques sur la figure du héros. Il est méconnaissable : «La tante a du mal à le reconnaître» P.M. : «Les vents effa - cent la figure..»	Interdits sociaux et nullement d'ordre moral : «Que dire en face?.. Comment as-tu fait ?»

Deux des personnages du livret de Cocteau occupent ainsi plusieurs sphères d'action. Les objets (magiques) sont représentés ici d'abord par la valise (enfermant toutes sortes de richesses: perles, or, diamants). Ces objets symbolisent la puissance du matelot, mais aussi du père de Cocteau. Le marteau (le couteau dans la version du Valois) joue le rôle d'auxiliaire spécifique. Ces objets participent à l'agression tout comme dans le mythe de *Psyché* où l'héroïne transgresse l'interdiction de regarder le héros, en allumant une lampe et en blessant le héros (Eros) avec une «goutte d'huile chaude».

L'interdiction prend aussi un aspect double.Dans la complainte elle est liée à la fatalité, à l'impossiblité de reconnaître l'enfant, mais aussi au rôle de duperie, joué par le soldat, interdisant à la tante de le trahir: «N'en dis rien à ma mère!». Mais chez Cocteau, il s'y ajoute une interdiction complémentaire, faite à la Femme L'interdiction (qu'elle se donne à elle-même) d'avoir des rapports sexuels, ce qui résulte de sa situation sociale et non pas d'une décision d'ordre moral «S'il était là, il est possible que je le trompe»).

Le livret du *Pauvre Matelot* comporte 12 scènes (21 morceaux): caractérisées par le nombre de personnages en présence sur la scène. La complainte du *Retour Funeste* comporte 13 strophes, correspondant aux situations suivantes: Strophe 1 (le garçon) 2 et 3 (le garçon et le capitaine), 4, 5, 6 et 7, le garçon et la tante, 8 et 9, le garçon et la mère, 10, 11 et 12 la tante et la mère, 13 suicide de la mère.

Voici la mise en rapport des fonctions avec l'ordre de succession des scènes.

LA SITUATION INITIALE: ACTE I.

LA COMPLAINTE: Situation de MANQUE (Eloignement du garçon) qui a pour origine un MEFAIT INITIAL (DECLARATION DE GUERRE départ «en campagnes»)

LE PAUVRE MATELOT: Situation de MANQUE, accumulation de malheurs, aliénation, éloignement du mari, (MEFAIT initial) «Hélas, après quinze ans d'absence, il y a peu d'espoir (qu'il revienne).

Dans les deux cas, le problème de la responsabilité de la situation initiale est laissée dans le vague, tout au plus peut on l'attribuer à une situation politique (la guerre) ou économique (la pauvreté du matelot). MEFAIT et MANQUE correspondent ainsi à une disparition provoquée (départ en campagnes) et par un «manque d'argent».

A cette situation caractérisant la partie préparatoire, s'ajoute l'INTERDICTION de copuler (qu'elle se donne à elle-même) donc de frustration sexuelle: «S'il était là, c'est possible que je le trompe!». L'interdiction est liée à l'absence du mari, à l'accumulation de malheurs (manque d'argent) et à une aliénation (fixation infantile au mari).

Quant à la possibilité de TRANSGRESSER l'INTERDICTION, elle est évoquée par le BEAU-PERE (Si tu te montrais plus aimable avec les clients du bar, nos affaires iraient mieux» (Invitation à la prostitution).

B - *MEDIATION - Moment de liaison*

B3 *L'autorisation de partir est donné au héros (Funeste retour) (Mon capitaine, je voudrais m'en retourner au pays).*

B4 *Annonce du méfait sous différentes formes*: (lié au MANQUE) «Mon père, il faut que je devienne veuve» et, dans le *Funeste Retour*: «Mon cher enfant, j'ai grand pitié... Quand tu iras dans ton pays, tu ne seras pas reconnu»...

C/ *DEPART DU HEROS*, n'est pas spécialement mentionné, ni dans le *Pauvre Matelot*, ni dans la complainte du *Retour Funeste*.

D/ *Première fonction du DONATEUR*

Retour Funeste: cette séquence manque

Pauvre Matelot: Mise à l'épreuve de l'héroine «Je lui ai proposé le mariage». C'est ici la première ambivalence (transformation de la femme-agresseur en «héros-victime»).

E/ *REACTION DE L'HEROINE*

P.M. Epreuve réussi «Mon mari reviendra un jour, si riche». Cette phrase est absente dans le *Retour Funeste*.

F/ *Un objet magique (spécifique) est mis à la disposition de l'héroine.*

Première mention de l'objet spécifique, le marteau. Cette mention correspond ici à une conception dramatique particulière à Cocteau: « J'ai, de longue date, employé des décors qui jouent. Une porte permettant au malheur d'entrer et de sortir. Une chaise, au destin de s'assoir» (118).

Cette séquence manque dans le *Retour Funeste.*

G/ *TRANSFERT jusqu'au lieu fixé.*

C'est l'arrivée du HEROS (le matelot, le garçon) au premier LOGIS.
F.R.: «Le premier logis qu'il a fait, c'est au logis de sa tante».
P.M.: «Faisons d'abord l'expérience sur un ami».
H/ *Combat contre le méchant*, manque dans les deux cas.

I/ *MARQUES, IMPOSEES AU HEROS.*

R.F.: «A chaque pas qu'il faisait, sa tante le regarde». La tante a du mal à le reconnaître, tellement il a changé.
P.M.: «Les vents effacent la figure»... «Reconnais-moi!»

J/ *Victoire sur l'agresseur.* Manque dans les deux cas.

K/ *REPARATION DU MANQUE*

K5 - Réparation du manque, grâce à la valise «remplie d'or et d'argent». R.F.

K5 - «J'ai dans ma poche de quoi les rendre millionnaires».
Séquence P: Le héros est poursuivi (manque)
Séquence R: Le héros est secouru (manque)

O/ *ARRIVEE INCIGNITO.*
R.F.: «Si je suis un de vos neveux, n'en dit's rien à ma mère»
P.M.: «Je vais vivre auprès de me femme, sans qu'elle ne se doute de rien».

ACTE II

L/ *PRETENTIONS MENSONGERES DU «FAUX»-HEROS*

R.F.: Il prétend ne pas connaître sa mère «Bonjour, madame de céans, peut-on loger ici en payant».
P.M.: «Je viens vous apporter des nouvelles (fausses)... Il vient, il est en route, il a beaucoup de dettes»...

M/ *TACHE DIFFICILE*

R.F.: Evocation de l'objet magique, ici la valise «Elle est pleine d'or et d'argent». C'est l'appât. D'une part, le héros a rempli sa tâche (se procurer de l'argent) mais il met imprudemment sa mère au défi d'en faire autant.

P.M.: «Trouver de l'argent... pour une femme, c'est facile, d'en trouver quand on est jolie...

N/ *L'ACCOMPLISSEMENT DE LA TACHE DANS UN DELAI* FIXE.

R.F.: Séquence réalisée par la mère cruelle grâce au meurtre.

P.M.: Action remise au début du 3ème acte - Invitation à dormir «Prenez ce tapis de table, ces édredons».

Q/ RECONNAISSANCE MANQUEE DU HEROS.

R.F.: Est sous-entendue dans la complainte, sinon le meurtre n'aurait pas lieu.

P.M.: «Un peu dans l'ombre, vous ressemblez à mon époux»...

T/ *TRANSFIGURATION* - Manque dans les deux cas, correspond néanmoins chez Cocteau à celle des deux protagonistes, de la femme-victime en agresseur, et du héros-agresseur en victime.

U/ *CHATIMENT DU FAUX HEROS ou de l'AGRESSEUR.*

R.F.: Assassinat du garçon par la mère (sous-entendu)

P.M.: Assassinat du marin, dans le silence, pendant le Prélude de l'Acte III, comme une séquence de film muet.

W/ MARIAGE, MONTEE SUR LE THRONE, RETRIBUTION EN ARGENT.

Cette rétribution correspond au vol des diamants, de l'or, des perles dans les deux cas.

Notons que Cocteau a laissé délibérément de côté des scènes qu'il aurait pu faire pour la fin de l'ouvrage, scènes correspondant à la découverte du cadavre du fils par la tante et le suicide de la mère. Cette séquence aurait pu être remplacée par une scène où la femme reconnaitrait son mari dans l'homme qu'elle a tué. Finalement, l'éventualité du châtiment de l'AGRESSEUR (la femme) est passée sous silence par le poète pour des raisons que nous allons étudier par la suite.

Rappelons d'autres coïncidences troublantes, d'abord celles du début de la complainte:

Poitou : «Au bout de quatorze ans finis»
Suisse : «J'ai bien resté quatorze ans».
Canada : «Au bout de quatorze ans passés».
Cocteau : «Hélas, apres quinze ans, il reste peu d'espoir».

De même, nous sommes amenés à relever un élément dramatique important qui manque dans le récit du «fait divers roumain», c'est le TRANSFERT JUSQU'AU LIEU FIXE, avec l'épisode primordial du PREMIER LOGIS qu'aussi bien le soldat que le matelot prennent chez la TANTE (version canadienne du RETOUR FUNESTE) ou chez l'AMI. Le soldat ne se précipite pas immédiatement chez sa mère, le matelot ne court pas, aussitôt arrivé, chez sa femme, sans plus attendre. Il prend d'abord logis chez son ami. Ainsi, le specteteur est graduellement préparé au drame qui va suivre. Même dans la version suisse, plus récente, où l'épisode du «logis préalable» est absente, la TANTE est néanmoins là (c'est un point capital) lorsqu'il se présente chez sa mère. L'épisode du «logis préalable» est indispensable pour la logique du récit. Sans cet épisode, le crime n'aurait pu être découvert.

D'autre part, tous ces personnages ont du mal à reconnaître le garçon ou le matelot (élément que PROPP désigne par «MARQUES IMPOSEES AU HEROS).

Canada : «A chaque pas mais qu'il faisait, sa tante le regarde
Ah! je vois bien par vos doux yeux
que vous êtes un de mes neveux».
Valois : «La tante qui était là, toujours y me regarde:
- Vous ressemblez mon neveux
C'est bien quatorze ans que je t'ai vu».
Poitou : «Quand le messieu y fut rentré,
La belle s'est mise à tant rire
«Vous êtes, je crois, mon neveu
Qu'il y a quatorze ans que je n'ai veu».
Cocteau : «Si elle n'allait pas me reconnaître?
Faisons d'abord l'expérience sur un ami» (Mes. 271) et
«Regarde moi!......Reconnais-moi! Tu me reconnais... l'Ami «Oh! Toi! C'est toi! (mes. 346).

Répétons-le. Cet élément dramatique de la rencontre préalable au logis de la tante ou de l'ami est d'une importance capitale, parce qu'il constitue la condition sine qua non, permettant la découverte du crime et le châtiment des coupables. Dans la version canadienne et dans celle du Valois, c'est la tante qui découvre le crime. «Hélas, ma soeur qu'as-tu donc fait? Tu mérites la corde!», ou «Ah, ma soeur, cruelle soeur, tu as tué ton fils de guerre (Valois). On suppose qu'elle ira dénoncer la coupable. Chez Cocteau, encore, *le matelot loge d'abord* chez l'ami «Tu vois que j'ai eu raison de ne pas entrer en face sans préparatifs» (mes. 35O) et :«Reste, je change d'idée, je vais dormir chez toi. Ne parle de moi à personne», et aussi «Cache moi, j'irai chez eux demain soir demander qu'on me couche» (mes. 409).

De même, l'interdiction de parler du soldat à la mère «Si je suis un de vos neveux, n'en dites rien à ma mère, n'en parlez point jusqu'à demain». Et, chez Cocteau: «Ne parle de moi à personne!».

Evidemment, le public n'ignore pas que c'est grâce à l'ami que le crime sera découvert à la fin de la représentation. Par contre, tous ces éléments de l'intrigue, présents dans les complaintes et dans le livret de Cocteau, manquent dans le «fait divers roumain».

Dans le *Pauvre Matelot*, les mensonges de la femme ne prendront pas. La femme s'imagine que personne ne connaît la victime (voir P/C p. 63). Et lorsque le Beau-Père demande «Que dire en face? (c'est-à-dire à l'ami), elle répond froidement: «Je dirai qu'il devait partir au petit jour». Mais nous savons tous que jamais l'ami ne pourra croire un tel mensonge, précisément parce qu'il a vu la victime auparavant et qu'il sait parfaitement qu'il s'agit du mari tant attendu. Cette excuse du départ précipité est par trop invraisemblable.

Mais soulignons une coïncidence supplémentaire. Dans la version canadienne de la complainte, la mère fait un mensonge identique à la tante: «Ma soeur, il a pris son départ. Trop tard tu es venue!».

En résumé, tous ces éléments dramatiques existent aussi bien dans la *Complainte du Retour Funeste* que dans le livret du *Pauvre Matelot*. On peut donc affirmer, sans grand risque de se tromper que Cocteau s'est probablement inspiré de la complainte dont les différentes versions, publiées bien avant la première guerre mondiale, étaient depuis longtemps disponibles à la Bibliothèque Nationale. Une telle démarche correspond du reste à une attitude littéraire propre à Cocteau qui s'est souvent appuyé sur de grands modèles selon l'adage «Revenir en arrière est impossible. Mais renouer avec de subtils exemples est tentant» (Préface des *Parents terribles)*.

L'hypothèse d'un rapport précis entre la complainte du *Funeste Retour* et la genèse du *Pauvre Matelot* nous paraît donc amplement justifiée.

CHAPITRE VI

INTERPRETATION DU TEXTE DE COCTEAU

Jean Cocteau a posé lui–même le problème de l'interprétation critique de son oeuvre, car pour lui, un bon texte «ne donne jamais ce qu'on peut en attendre. Il doit vous hérisser de points d'interrogation» (119). Ajoutons à cela la problématique posée par les multiples aspects d'une sorte de mythologie du réel chez Cocteau, allant de l'emploi voulu d'expressions toutes faites afin de peindre plus vrai que le vrai, au souci d'être fidèle peintre d'une société à la dérive (120), avec en plus, une dimension psychologique envahissante (mythes du parricide, mythes de la persécution) et nous sommes encore loin d'avoir fait le tour de la question.

Pour Gide comme pour Valéry, «c'est son oeuvre que l'artiste doit ordonner et non pas le monde qui l'entoure», l'art d'écrire devant avoir un sens universel, une valeur d'univers (121). Dans cette optique, chaque oeuvre d'art est un univers en soi qui se distingue de tout autre univers, de toute autre oeuvre d'art, car elle est une sorte de microcosme, ayant ses propres lois.

Il nous faut donc un passe-partout pour entrer dans l'univers particulier de Jean Cocteau, univers où tous les personnages semblent porter des masques pour cacher leurs incertitudes sociales et morales. On a même besoin de plusieurs clefs pour interpréter une pièce où «la vérité n'est pas forcément l'envers du mensonge», et où la réalité semble prolonger ses effets sur la scène en faussant les attitudes apparentes des protagonistes. Un univers donc où l'on rencontre à chaque pas des acteurs, apparemment manoeuvrés par une fatalité implacable, face à des spectateurs trop bien renseignés. Cette clef, c'est la clef de la participation, de l'identification aux personnages. Autrement dit, le pauvre matelot et sa femme, c'est peut-être le couple de nos voisins que nous rencontrons chaque jour sur le palier, et l'ami, c'est peut-être le garçon de café qui nous a servi tout à l'heure un crème au bistrot du coin.

Mais le *Pauvre Matelot* n'est pas seulement un reflet plus ou moins obscur de la société des «années folles», c'est aussi un reflet de l'univers personnel de Cocteau où des personnages romanesques, en tant que tels, possèdent leur psychologie propre, bien qu'elle semble se confondre parfois avec celle de l'auteur.

L'étude de ce texte jouera donc sur plusieurs plans, et avant tout sur celui du milieu social des personnages. Ceux-ci affichent tous en permanence une apparence pour masquer leurs incertitudes sociales. Par ailleurs, l'étude se placera sur le plan psychocritique, les personnages de Cocteau reflétant sans doute aussi les frustrations et les traumatismes de l'auteur.

A) *Le milieu social dans le Pauvre Matelot* .

A première vue, le milieu social se dessine plutôt à l'arrière plan, malgré la prétention de Cocteau de peindre exactement une «société à la dérive». Le réalisme désenchanté de Cocteau est ici très éloigné d'une observation quasi scientifique, naturaliste de la société des années 20. On peut néanmoins discerner le milieu social à l'arrière plan de l'action.

Le grand facteur perturbateur, c'est le manque d'argent, motif de la solitude, du repli sur soi de la femme, de sa frustration sexuelle (départ du mari pour chercher fortune) et finalement le motif du crime. La femme, le beau-père, tiennent un bar, l'ami un débit de boissons. Ces trois personnes appartiennent donc au milieu des petits commerçants qui, confrontés à la crise économique de l'après-guerre, y ont très mal résisté. «Nous n'avons plus le sou. Le bar tombe en ruine» s'exclame le Beau-père. Et l'ami «Mes affaires ne marchent guère mieux».

Le matelot semble être le seul ouvrier. Malgré cette appartenance sociale au monde ouvrier, sa véritable activité au cours des quinze années d'absence n'est jamais clairement indiquée, sinon de façon négative, sur le plan moral (il se prostitue avec une reine sauvage). Ce matelot est un marginal.

La peinture du milieu social des «années folles» dans cette oeuvre de Cocteau réside donc bien plus dans les attitudes des personnages, leurs comportements et leurs rêves que dans celle de faits rapportés sur des données sociales objectives. Pour Cocteau, «seule la réalité, même bien recouverte, possède la vertu d'émouvoir» *(Le Coq et l'Arlequin*, p. 104).

La connotation sociale prendra ainsi, à travers les attitudes des personnages, plusieurs formes déterminées, et, en premier lieu, celle d'une attitude exprimant un malaise, une frustration qui serait une sorte d'irresponsabilité sociale. La déchéance économique des protagonistes est ainsi attribuée de préférence à la «fatalité, au «manque de chance». Cette attitude apparaît dans plusieurs remarques. «Admettons qu'il confie sa lettre à une bouteille, il y aurait beaucoup de *chances* pour qu'elle reste en pleine mer » (P/O, p. 12). Si la malchance semble le lot des protagonistes, il reste l'espoir que «la *chance* tourne». «La reine se console avec le matelot qui lui donnera ses perles. Elles valent une fortune».

Le thème de la fatalité est ainsi lié à la perspective économique, à l'argent, dont l'absence ou la présence régit le destin de l'individu. L'auteur élimine ainsi la responsabilité morale de ses personnages qui en semblent totalement dépourvus.

Plusieurs expressions montrent du reste l'attitude de Cocteau envers le milieu qu'il décrit implicitement à travers ses personnages. Celles-ci montrent de la part du poète une attitude de désengagement qui n'est qu'une forme de mépris orgueilleux, élitiste, pour la réalité vulgaire. «J'ai poussé aussi loin que possible une attitude qui m'est propre: celle de rester à l'extérieur de l'oeuvre, de ne défendre aucune cause et de ne pas prendre parti» dit le poète dans la *Préface* des *Parents terribles*. Cette absence de sens collectif véritable, de solidarité avec les autres, s'exprime dans le *Pauvre Matelot* par le «repli égoiste de la femme «sur elle-même, associé à une «fuite dans le divertissement» futile». Vous aimez la danse? Je l'aime, sans l'aimer... Je danse par ci par là. «Malgre ma tristesse, j'ai appris à danser»... Lors du crime, pas un mot de compassion pour la victime, aucune réflexion d'ordre moral. Le Beau-Père ne demande pas «Pourquoi l'as-tu tué? Comment as-tu pu faire une chose aussi horrible?

Il demande: «Comment as-tu fait? Ce qui l'intéresse, c'est l'instrument du crime, le marteau. Comment éviter que le crime soit découvert? Il faut camoufler le corps; qu'on le jette dans la citerne. Au lieu de poser le terrible problème de la mort de l'autre, un problème moral, le beau-père n'a de souci que pour sa petite vie pourtant assez misérable. Il substitue la question du «Comment?» à la question du «Pourquoi ?» L'absence d'une authentique relation sociale est ainsi à nouveau synonyme de repli égoiste sur soi.

B) *Le thème de l'homme exploiteur-exploité.*

La thèse de l'homme «exploiteur-exploité» apparaît à travers une série d'allusions. liées au thème de l'autorité masculine ou de sa mise en question par l'autorité féminine pour des raisons sociales ou psychologiques. Ainsi, l'eventualité du retour du matelot au sein du microcosme familial est subordonnée au problème social des rapports homme-femme. mari-épouse. Le Matelot «Je me suis renseigné, ma femme est fidèle» (p. 35, PO). Voici un homme particulièrement égoiste, qui quelques semaines après le mariage, délaisse sa jeune épouse de vingt ans et s'en va pour faire fortune. Il court à l'aventure, et, en attendant, les autres. ... et bien qu'ils se débrouillent! Puis, quinze ans plus tard, il revient. Pas une lettre, pas un signe de vie pendant tout ce temps. Il s'amène tranquillement. Comme il s'est livré à quelques fredaines pendant ce temps, il veut savoir si sa femme en a fait autant. Il veut contrôler sa fidélité, de visu si possible, en se faisant passer pour un parfait inconnu· et lui justement qui a bénéficié des «largesses» d'une reine américaine, en témoignage d'admiration pour ses «prouesses viriles». C'est ce personnage là qui s'improvise le censeur moral de la fidélité conjugale.

Ce qui lui donne précisément «bonne conscience» dans ce jeu, c'est bien entendu la connotation sociale - argent – autorité masculine - femme – objet (de plaisir). Lorsque l'ami l'informe de la situation économique dramatique de sa femme «elle n'a plus le sou», sa réaction est transparente: Tant mieux (*moi)* j'ai dans la poche de quoi les rendre millionnaires».

Cependant, le détenteur de l'autorité pécuniaire. de la prééminence financière est tantôt l'homme, tantôt la femme.

Cette ambivalence apparaît à travers le thème et les allusions cachées à la prostitution. La prostitution masculine (l'homme-objet) est présentée à travers le récit de l'homme qui touche quantité de perles à titre de salaire pour ses prouesses viriles... Le jugement défavorable du beau-père sur le matelot, ayant soi-disant refusé les perles, est révélateur: «L'imbécile!» s'exclame-t-il. La prostitution féminine (la femme-objet) apparaît dans les allusions du beau-père à la femme «si tu te montrais plus aimable (avec les clients) nos affaires iraient mieux!». Etant donné le genre particulier de ce bar, situé dans un port, c'est une invitation indirecte à la prostitution que le père fait à sa propre fille. Lorsque la femme se plaint d'être sans le sou et que le mari rétorque qu'il est pourtant facile pour une jolie fille de se procurer de l'argent (sous-entendu, en se prostituant) le père s'exclame «Tu vois!» Ces deux mots montrent toute son attitude. Il a raison. C'est ce que j'ai toujours dit. Pourquoi n'es tu pas raisonnable (en te prostituant). Si tu m'avais seulement écouté!

Comment la femme peut-elle échapper à l'humiliante situation de la «femme-objet»? Les rapports homme-femme, dans leur version sexuelle, paraissent absents ici. La femme, pour s'affirmer pendant quinze ans, face à un monde d'hommes, se sert d'une ruse, consistant à jouer un «rôle convenable» à l'excès («l'histoire de votre fidélité... Avouez que c'est tout de même rare dans notre rue»...). C'est quelqu'un, cette femme. Elle a de la poigne. Il en faut pour tenir à distance tous ces hommes, dans un bar, pendant quinze ans. Elle refuse même l'offre de mariage de l'ami. Mais en vérité, la vertu dont elle se pare ainsi (par ruse inconsciente) et que son père regrette chez son mari (« L'imbécile ! ») n'est qu'une échappatoire. Ce n'est nullement le fruit d'une décision morale. «C'est possible que je le trompe, s'il était là») dit-elle. C'est précisément du conflit entre cette affirmation d'une vertu farouche et la conscience de son imposture que naîtra le crime.

La femme semble se montrer généreuse avec le mari absent, auquel elle pardonne tout (attitude d'une jeune communiante). Mais cette passion vertueuse la rend aveugle sur le prix qu'elle devra payer. Car pour l'auteur, tout, dans cette société à la dérive, se monnaie, et surtout l'amour, non seulement sous forme de prostitution (masculine et féminine) mais aussi sous l'aspect d'une sorte de rachat. Elle rachètera pour ainsi dire, son mari avec l'argent du voyageur inconnu qu'elle tuera.

Car, après tout, nous sommes en présence d'un crime crapuleux, abject. Le véritable motif de la meurtrière, c'est l'appat du gain, non pas directement pour elle-même, mais pour en faire cadeau au mari qu'elle espère retrouver. Paradoxalement, c'est cela le terrible prix qu'elle paiera pour le retour à l'ordre social, le rétablissement du microcosme familial. L'amour, à nouveau, est monnayé en quelque sorte par le crime.

En résumé, on peut dire qu'on assiste ici à une mauvaise évaluation de la réalité concrète, une image idéalisée de la relation du couple, image dont la femme se montre incapable de se libérer, et, de ce fait, de participer un tant soit peu au changement de la société des «années folles».

C) *Les aspects psychologiques.*

Rappelons d'abord que «tout phénomène de création met en jeu deux ordres différents, d'une part un ensemble de catégories mentales, de valeurs appartenant au groupe, et d'autre part, l'univers imaginaire d'un créateur où s'exprime librement l'individualité de l'écrivain» (122). A cet égard, la pièce de Cocteau est judiciable, tout autant d'une interprétation sociologique que d'une interprétation psychologique. On peut se poser en effet la question: Est-ce que le crime ne serait pas plutôt inscrit dans la logique même des personnages, à l'instar d'une situation kafkaienne, sans issue. Ne serait-ce pas l'issue logique de la situation dramatique?

Il s'agirait alors d'une «fatalité d'ordre psychologique». Le moteur de la pièce serait «la fatalité en tant qu'envers de la liberté» selon un mot de Sartre. Le théâtre décrivant dans ce cas «un conflit qui n'est jamais qu'une composition de forces dont les résultats sont prévisibles» (123). Tout est décidé d'avance en raison de cette «fatalité psychologique» qui n'offre aucune échappatoire.

Ceci expliquerait le pourquoi du décor unique de MM. Deshays et Arnaud, dont, rappelons le, la maquette est de Jean Cocteau: les maisons qui se font face, au milieu la ruelle qui est un lieu de passage entre l'ami (le soupirant) et la femme d'en face. Mais ce décor est aussi un lieu clos, lieu dans lequel sont enfermés les trois protagonistes (femme, père, ami). Leur comportement indique que l'apparition du matelot, son irruption dans cet univers parfaitement clos va provoquer le drame. Dès le début, les éléments du drame sont tissés et le crime final en constitue le dénouement fatal.

Dans les *Cahiers Jean Cocteau*, MILORAD attire l'attention sur ce qu'il appelle «les harmoniques inconscients - thème du retour du disparu sous un autre aspect et de son meurtre, dont il faudrait étudier les prolongements dans l'oeuvre et la psychologie de l'auteur (124). En effet, plusieurs exégètes font un rapprochement entre le suicide du père du poète et l'abîme de pulsions inconscientes que renferme chacune de ses œuvres. Milorad exprime cette idée dans *«Le mythe orphique»,* disant qu'aux «yeux de son inconscient, Jean Cocteau a tué son père (meurtre œdipien, assassinat de Laïus, dont Jean a tant parlé dans le cycle œdipien de son œuvre»). Mais, «en raison de l'ambivalence des sentiments envers le père, l'ayant tué par haine, il faut le ressusciter par amour, et voilà ce qu'exprime, dans l'œuvre de Cocteau, le cycle orphique. L'acte d'Orphée est donc un essai de résolution du problème œdipien. Mais il s'agit d'un cercle vicieux : ayant, par haine, tué Eurydice,et l'ayant ressuscitée par amour,la haine peut surgir qui pousse Orphée à la tuer une seconde fois» (125).

Pour Milorad, cette obsession orphique se dissimule aussi dans le *Pauvre Matelot*, car «le problème est de savoir pourquoi le poète a choisi ce fait divers entre mille autres possibles». La disparition du matelot est associée à celle du père de Cocteau et la femme du matelot attend son retour tout comme Orphée souhaitait le retour d'Eurydice. Essayons de développer cette idée d'une double identification: celle du poète à la femme et celle du marin disparu au père de Cocteau.

L'ouvrage débute par une sorte de blocage psychologique que la femme n'a pas cherché à briser depuis la disparition de son époux. En devenant une pseudo-veuve, une veuve donc, sans l'être tout à fait, la femme s'est en quelque sorte aliénée. Cette aliénation se manifeste d'abord de façon assez curieuse: Elle ne se rappelle plus très bien l'image de l'absent (du défunt père?) sinon de manière très superficielle: Il dansait bien? C'était le meilleur danseur du littoral». Et c'est encore l'ami qui doit lui rappeler ces prouesses de danseur.

Mais qui est donc ce mari chéri, cet inconnu? Elle ne le connaît plus que vaguement, sinon par sa photographie, accrochée au-dessus du lit, endroit singulier pour accrocher une photo. La connotation érotique (photo-lit-mari absent) semble évidente. «Mais tant que la photographie le remplace au-dessus du lit, j'en aurais mal au coeur» (de le tromper). Voilà une phrase-clef. La photographie remplace le mari. Cette femme aigrie a une fixation infantile pour une photo. Aux yeux de son inconscient, le mari, cet être humain, tant chéri, il y a si longtemps qu'il est absent, mort, enterré, tout comme l'était en 1922 le père du poète. Depuis le jour òu elle fut délaissée, elle dût se retrancher dans sa solitude et se contenter de la photo au-dessus du lit (126).

A partir de là, on voit se dessiner une forte ambivalence - la relation amour-haine entre la femme et le mari (voire le poète et son père) qui est l'expression même de l'inconscient reprochant au mari de l'avoir abandonnée, de même que l'enfant-poète se sent obscurément responsable de la disparition soudaine de son père. De cette situation résulte aussi le désir désespéré de voir le père se manifester à nouveau, même sous l'aspect du père fouettard. D'où le désir d'être puni.

Autour de cette situation paradoxale, s'articule sans doute tout le mécanisme de l'opposition entre deux images - celle du père aimé et celle du père absent, celle de l'époux idôlatré et celle du marin disparu (Amour-Haine, Vengeance-Auto-punition). Tout d'abord, pour l'inconscient de la femme, ce matelot absent dispose de tous les attributs de la puissance (l'argent dans l'univers de Cocteau) «Il reviendra riche , un singe sur l'épaule». Par contre, l'aspect physique du revenant est très flou «les vents» ont effacé «sa figure, la fatigue» et le soleil «lui en ont fait une autre». Il est méconnaissable, même si «un peu dans l'ombre, il ressemble à son mari». Cette vague ressemblance prendra, après le meurtre, un aspect terrifiant «Ah, c'est terrible de voir son dos:. Le dos des marins se ressemble».

En conséquence, le désir d'être puni, l'expression à la fois de l'amour et de la mauvaise conscience de la femme, va de pair avec son opposé - la haine, le désir de vengeance, engendrant une violence compensatrice et la volonté de surpasser l'image obsessionnelle de l'époux (du père).

L'auto-punition de la femme s'exprime, sur le plan réel, par plusieurs éléments - les fantasmes infantiles (la photographie), le bar sordide, dans un état délabrement avancé, mais aussi par la répression de la sexualité: «Les autres hommes me déplaisent». Précisons «les hommes en général» (l'autre sexe) lui déplaisent. L'auto-punition, c'est aussi l'absence de toute véritable relation avec son entourage comme le montre le caractère singulier des rapports avec l'ami.

Pendant toute la durée de la pièce, une seule fois elle témoigne d'un semblant d'intérêt pour son ami, précisément tout au début de la première scène, lorsqu'elle dira:« Vous aimez la danse?» Et lui, tout heureux de cet intérêt subit, raconte «qu'il l'aime sans l'aimer, en spectateur». Il aime «regarder les matelots danser ensemble, en collègues». Bref, le bistrot de l'ami est une boite un peu particulière. Et là s'arrête aussitôt son intérêt. Tout ce que l'ami pourrait dire encore, tout ce qu'il pourrait raconter sur lui-même, ses soucis, ses espoirs, tout cela n'intéresse plus la femme. La deuxième phrase qu'elle prononce, le prouve: «Il dansait bien», dit-elle. IL. C'est avec deux énormes majuscules qu'on aurait dû écrire ces deux lettres. IL! ...Et elle ne parlera plus que de ce cher disparu, de ce grand homme, de ce «prince charmant». Il faut bien avouer que face à une telle fixation quasi infantile, l'ami n'a pas grand chose à opposer. Du reste, qui est-il? Voilà un homme peu ordinaire qui tourne depuis quinze ans autour de cette femme délaissée, proie toute trouvée pour un homme intrépide. Il lui fait des propositions et va jusqu'à lui proposer le mariage. Sans succès d'ailleurs! Voilà un séducteur peu banal, d'une patience vraiment angélique! Il n'a pas beaucoup de succès avec cette fille, et pourtant, il insiste, mais sans trop se presser. Ce n'est pas un rapide, c'est un caractère indécis. «J'aime la danse sans l'aimer»... Et chose curieuse, lorsque le mari reviendra pour reprendre sa femme, il ne sera pas du tout jaloux mais simplement curieux...

Pourtant, la femme sait au fond d'elle même qu'elle n'arrivera pas à surmonter ses incertitudes, ses angoisses nocturnes, sinon par la violence. «Je ne pouvais dormir, j'ai vu mon mari, seul sur la route. Alors, j'ai décidé la chose » (le meurtre).

S'agit-il ici d'un crime , commis par une folle dans un état d'égarement, après une nuit sans sommeil, ou plutôt de milliers de nuits, peuplées de cauchemars où elle appelait éperdumment son mari, le suppliant de revenir ? Depuis longtemps, elle était comme figée par son attachement au passé et n'avait plus de véritable relation avec son entourage.

Alors, que fera-t-elle? Tout comme Orphée qui tue une seconde fois Eurydice ressuscitée, en la regardant, en se retournant, l'épouse du pauvre matelot assassine cette copie pas très conforme, méconnaissable, cette deuxième version de son mari. Violence compensatrice des frustrations sexuelles, certes, mais aussi compensation par le fait de surpasser doublement le mari.D'abord, elle l'avait cru riche. «Il reviendra, si riche, avec un singe sur l'épaule», ensuite, déchu, à nouveau, pauvre, sans un sou, criblé de dettes». Cette nouvelle situation apparente, résultant des mensonges du matelot, lui offre enfin la possibilité de le surpasser vraiment, en devenant elle-même immensément riche, grâce au meurtre de l'inconnu. Et deuxième circonstance, par le meurtre, elle deviendra, à son tour, ce qu'elle reproche inconsciemment à l'absent «un objet de haine», son égal.

En résumé, on peut dire que le crime représente le versant haineux de l'ambivalence des sentiments du poète à l'égard de son père (127), ambivalence dont, précise Milorad, «le versant d'amour est figureé par la passion insensée de la femme envers son époux». Or, «l'objet de tant d'amour et de tant d'hostilité, c'est en réalité le même être. Et jusqu'à la fin, la femme restera ignorante du piège que son inconscient lui a tendu» (128).

CHAPITRE VII

ELEMENTS POUR L'ETUDE MUSICALE ETABLISSEMENT D'UN CATALOGUE THEMATIQUE DE L'OEUVRE

Comment étudier les différentes formes du discours musical chez Milhaud, notamment les formes adaptées à des situations banales, prises dans la vie de tous les jours? Pour essayer de résoudre ce problème, commençons par établir un relevé des principaux éléments thématique de l'oeuvre. Bien entendu, un tel inventaire ne représente qu'une phase préparatoire à l'analyse musicale. Les thèmes ont entre eux des analogies qu'il faudra ramener au type le plus simple.

Nous estimons que la morphologie globale du *Pauvre Matelot* ne peut être dégagée qu'à la suite d'une analyse détaillée, basée sur la méthode d'analyse métrotectonique de Georges Conyous (129).

Nous avons donc établi le découpage de la partition, une sorte de table des morcaux. Mais ce découpage prend en considération aussi bien le nombre des personnages se trouvant en scène que les morceaux de musique qu'ils interprètent. Autrement dit, les scènes sont structurées musicalement en une, deux ou trois phases, comportant l'emploi d'éléments thématiques différents.

Il va de soi que notre découpage est tout à fait artificiel, comme du reste n'importe quelle analyse musicale, puisqu'en fin de compte, la musique est exécutée du début à la fin sans interruption. Il ne s'agit donc aucunement d'une succession d'airs séparés. C'est pourquoi il paraît préférable d'éviter l'emploi du terme consacré de «l'air d'opéra», car celui-ci possède une structure particulière différente de la forme des passages chantés dans cette partition de Milhaud.

Afin d'avoir une vue d'ensemble des principaux éléments thématiques de la partition, nous avons donc établi un relevé de ceux-ci, en indiquant les premières mesures. L'ouvrage comporte au total 24 morceaux, dont trois morceaux d'orchestre et 21 morceaux chantés (Prélude, Interlude et Prélude du 3ème acte). Le nombre des éléments thématique est assez important. Au premier acte, on relève, pour commencer, un thème basé sur la gamme majeure acoustique (*DO-RE-MI-FA DIESE-SOL-LA-SIB*).

Le thème du premier morceau chanté (mes. 35-37) représente en réalité une variante du début du *Prélude orchestral*, basé sur la gamme acoustique. Du reste, tout le premier morceau chanté (mes. 35-69) est composé d'éléments dérivés du thème principal du *Prélude orchestral* (121) *(Ex.mus. no. 2a)*.

La deuxième section, correspondant aux mesures 70-97, débute par un motif en *sol mineur* (sur le plan mélodique (Ex. 2b). Ce motif revient d'ailleurs vers la fin du deuxième acte (légèrement varié) aux mesures 614 et 629 notamment. A la troisième partie de ce morceau, le thème du *Prélude orchestral* est repris, mais quelque peu varié aussi bien mélodiquement que rythmiquement (mes. 98-112) (Ex. mus. 2c).

Le deuxième morceau chanté (mes. 113-143) comporte une mélodie en *do dièse mineur* qui module rapidement en *Fa majeur* (mes. 123). Elle se caractérise par des mouvements chromatiques dans l'accompagnemnent (*Ex. mus. 2d)*.

Le troisième morceau chanté (mes. 144-155) est basé mélodiquement sur la gamme de *DO majeur* avec des notes de passages chromatiques *(do dièse, ré dièse)* soutenu par des paquets d'accords, exécutés par les cuivres et les pizzicati des cordes. On peut supposer qu'il s'agit ici de bien marquer l'entrée du beau-père qui, parle là pour la première fois. Tout ceci est d'un caractère assez pesant. C'est le début de la scène II (*Exemple musical no. 4)*.

Le quatrième morceau chanté (mes. 156-208), un 12/8, est basé sur un thème d'allure populaire. Il est très possible qu'il s'agisse de fragments d'une chanson de marin que nous n'avons pu identifier. Il convient de noter surtout le développement emphatique de cette phrase mélodique, obtenue par progression descendante: *Si bémol* («Vous nous voyez vivre ensemble»), *La bémol* («Un jour, on frappe à la porte»), *Sol bécarre, Fa*, puis Mi bémol (voir la page 12 de la partition piano et chant). Nous éliminons ici le petit passage en *si bémol mineur*, correspondant à la question: «Qui est-ce?», manifestement intercalé en raison du texte *(Ex. mus. no. 4)*.

La IIeme scène se confond avec le morceau chanté no. 5 (mes. 209-248). On relève à nouveau l'emploi du procédé de la progression mélodique («Père, père, d'abord il faut que je devienne veuve») par répétition de petites phrases de deux mesures (*Si, si, la, do, si, la, sol,* etc.). Le même passage revient encore en *Fa dièse majeur* «Il aura quarante cinq ans», à la page 20 de la partition piano et chant. Puis, on revient au *Do majeur*, aux mesures 238-248 (p. 22). (*Ex. mus. no. 5*).

Scène IV, morceau no. 6 (P/C p. 23, mes. 249-278), c'est l'irruption du matelot. «Notre rue est trop petite», sur un thème d'allure populaire en *la* (131) *mineur*, répété quatre fois, dont une variante, suivie d'une séquence intermédiaire de 8 mesures. A la mesure 267, reprise du motif en la mineur pendant 10 mesures, puis transition sur une tenue de *Sol dièse* sur le mot «Hep!» Il s'agit là du procédé du «passetto» qui nous amène à la Scène V. (*Ex. mus. no. 6*).

Scène V, morceau no. 7 (mes. 279-352, P/C 24-31). Cette scène est basée sur un mouvement chromatique descendant et ascendant.C'est un thème de six mesures (4 plus 2) d'allure un peu martiale, une sorte de «duo de la dispute» qui est interrompu à la mesure 307 par le rappel d'une variante du thème du Prélude orchestral («je suis donc si changé, p. 27). Les mesures 350-356 représentent la fin de ce morcau et en même temps la transition pour le morceau suivant («Je vois que j'ai eu raison», p. 31) *(Ex. mus. no. 7)*.

Morceau no. 8 (mes. 353-417). «Calme-toi, ce n'est pas ta faute»... en *Si bémol maj.* suivi à la mesure 372 par une reprise d'une variante du thème de la Java, mais en 6/8. Ce passage du morceau No 5 (9/8) revient, mais cette fois-ci avec d'autres paroles : «On a vraiment du mal à perdre l'habitude». A la mesure 209, ce motif était accompagné des paroles «Père, père, d'abord il faut que je devienne veuve !» (Ex.mus. 8).

Pour résumer nos observations à propos des éléments thématiques du premier acte, disons qu'on relève d'abord que certains éléments mélodiques reviennent plusieurs fois, mais accompagnés chaque fois par un texte dramatique différent. Ce fait est très important car il trahit une conception dramatique particulière. Il s'agit notamment du motif de la *Java du Prélude* et du motif de la mesure 209 qui reviennent à plusieurs reprises.

Les divers emplois d'un même thème à différents endroits de la partition trahissent ici un souci formel d'équilibre symétrique et ne remplissent pas une fonction esthétique de commentaire musical d'une situation psychologique comme le ferait l'emploi du leitmotiv wagnérien par ex. Illustrons ceci par un exemple. A la page 18, la femme dit «Père, père, il faut d'abord que je devienne veuve»... et à la page 35 (mes. 403), le matelot chante sur la même mélodie, des paroles très différentes «On a vraiment du mal à perdre l'habitude des aventures». On voit ici, de manière évidente, un souci de récurrences internes, car les deux phrases n'ont rien de commun entre elles. Le recours à «l'esthétique du prolongement» ne permet pas, dans ce cas-ci, d'expliquer cette divergence. On sent bien que le souci d'équilibre formel mis en question par un travail de découpage des unités folkloriques, importe ici le plus à Milhaud et c'est lui qui semble être responsable de certaines reprises dans la partition.

ACTE II

Le deuxième acte débute avec un petit interlude orchestral, servant d'introduction au morceau chanté no. 9 (page 39 du P/C). L'agrégat initial est un accord de quartes superposées, suivi d'agrégats bitonaux.Tout ce passage est basé sur un motif mélodique simple et bref *(La bémol, Sol, Fa, Si bémol, La, Sol.* Cet interlude ne comporte que onze mesures (418-428) *(Ex. mus. no. 9).*

Scène VI (mes 429-443). Le motif de l'*Interlude* est également employé au début du morceau no. 9 (mes. 429) dans l'accompagnement. Puis, on retrouve une variante de ce motif à la mesure 432, mais les intervalles sont présentés en mouvement contraire. Enfin, à la mesure 438, le motif réapparaît dans le chant «l'habitude rend aveugle». Ici, le procédé de développement mélodique employé est ceui de la rosalie (132). La répétition des éléments thématiques sur un degré supérieur. Ce même motif de trois notes, employé d'abord à la mesure 438, est repris à la page 52 du P/C (mes. 569-582) «Allons, vous êtes orgueilleuse, je cache mon trésor...» *(Ex. mus. no. 9).*

Scène VII (morceau no. 10, mes. 444-483, p. 38) correspond à la première rencontre de la femme et du matelot. C'est un mouvement très animé, basé sur la répétition de croches. L'élément prédominant est ici le rythme. Ceci apparaît plus nettement dans la partition d'orchestre, page 59. On relève d'une part une mesure à 4/4 et une formule rythmique correspondante, exécutée par le basson et le cor. Cet élément thématique est basé sur la répétition régulière de croches. Dans le grave, un autre élément rythmique s'y oppose, un rythme de danse qui forme contraste: 123 - 123 - 12. Cet élément rythmique se poursuit (exception faite de quelques interruptions rhétoriques jusqu'à la mesure 484 où se situe l'entrée du beau-père et où commence la scène VIII *(Exmus no. 10).*

Scène VIII, mes.484-605, P/C p. 43. Cette scène englobe les morceaux no. 11, 12, 13, 14 et 15. Après une transition de six mesures sur les paroles «Trouver de l'argent; pour une femme c'est facile d'en trouver», débute le morceau no. 11. *Morceau no. 11* «Cher époux». Ce passage en *Sol majeur* (mes. 490-518) est entièrement basé sur un thème très simple *(Si-Sol-Ré)* qui permet des envolées lyriques. C'est presque, si l'on veut, un air d'opéra. Ce motif est repris, après une brève interruption, aux mesures 542-545 (pp. 49/50 du P/C) *(Ex. mus. no. 11).*

Mais il existe cependant une relation structurelle entre les morceaux no. *12* et *13* écrits tous deux dans une mesure de 6/8. On y trouve le même élément mélodique descendant, composé de quatre notes: d'abord *Sib-Lab-Sol-Fa* (mes. 517). On retrouve cet élément deux fois aux mesures 524-527 *(Sib-Lab-Sol-Fa).* A la mesure 528, le motif de quatre notes revient dans la basse, un demi ton plus haut et décalé d'une croche. Puis, après un passage de six mesures (530-535) le motif réapparaît à la mesure 536, décalé, dans la basse *(Sib-Lab-Sol-Fa).* Et si l'on regarde bien, on le voit revenir au troisième acte aux mesures 759-767, page 68 du piano/chant (Sol-Fa dièse-Mi-Ré), mais il est alors transposé.

Après le morceau no. 13 «*Tromper sa femme*», on reprend le *no. 14*, le motif de l'*Interlude de l'acte II* («Allons, vous êtes orgueilleuse») aux mesures 569-582. Pendant quatre mesures (569-572), on trouve d'abord les mêmes accords qu'au début du IIème acte, à la différence toutefois que maintenant l'orchestration et la disposition des accords diffère. Puis, Milhaud reprend quatre mesures plus loin les mêmes accords, transposés alors à la tierce mineure supérieure (mes. 573-574, et 575/576 nouvelle répétition).Celle-ci correspond à une progression à la tierce mineure. Enfin, aux mesures 579-580, les mêmes accords sont à nouveau employées. Mais cette fois diminués sur le plan rythmique.

Tout ce passage illustre parfaitement le procédé mélodique dont se sert Milhaud pour développer sa mélodie. Il s'agit du procédé de répétition d'un même élément mélodique sur un degré supérieur ou inférieur, appelé «la progression mélodique par degrés asendants ou descendants» (Treppenmelodik), mais qui s'apparente aussi à la rosalie, une procédé quelque peu schématique.

Le morceau no. 15 termine la VIIIème scène. C'est le retour du thème de la Java, basé sur la gamme acoustique *(Do-Ré-Mi-Fa dièse-Sol-La-Si bémol)*. Le morceau no. 15 correspond aux mesures 583-605. Il se compose de deux parties: la première partie 6/4 Do, Sib - Fa dièse va des mesures 583 à 595. Puis, aux mesures 596-605, Milhaud répète les mêmes accords et le même motif d'accompagnement. Mais il transpose tout ceci à un demi-ton plus haut. Seules la ligne mélodique au chant et les paroles sont quelque peu modifiées. En résumé, le premier volet du no. 15 correspond donc au texte «Vous m'apportez des nouvelles» et le second volet au texte «Vous avez un coeur d'ange» *(Ex. mus. no. 15)*.

Reste à examiner le dernier morceau de l'Acte II, la *scène IX et le numéro 16*, correspondant aux mesures 606-645.

Ici, on relève plusieurs éléments différents. D'abord, pendant quatre mesures, un petit motif d'une mesure est répété quatre fois, toujours sur le degré supérieur (mes. 606-609). Les quatre mesures suivants (610-613) sont basées sur le motif de l'*Interlude de IIème acte*, autrement dit trois notes descendantes *La bémol - sol - Fa*. Exception faite d'un retour du petit motif d'une mesure aux mesures 625-628, un demi ton plus bas, le reste du morceau *No. 16* est basé sur une variante du type *1b* du 1er acte que nous avons déjà rencontré aux mesures 70-97 et qui est utilisé ici pour conclure le IIème acte *(Ex. no. 16)*.

C'est à cet instant précis, juste à la fin du IIème acte que la femme frôle la vérité, lorsqu'elle dit: «C'est drôle, ainsi, un peu dans l'ombre, vous ressemblez à mon époux»... C'est aussi le moment précis où le marteau que l'ami rapporte, décidera de la mort du marin.

Scène X, no. 17, (mes. 682-695). A partir de 682, reprise de ce thème qui sert de formule d'accompagnement pour la scène no. 10 (la femme et le beau-père, Qui va là?, silence, etc...). En même temps, en contre sujet, le basson reprend le thème de *Valparaiso*. La formule mélodique (deux double croches, croche aux timbales) ainsi que la petite cellule binaire, une sorte de soupir sur *Si-La dièse* donne ici une impression triste et crée l'ambiance d'une sorte de marche funèbre.

Pour résumer les éléments en présence dans le no. 17, nous relevons donc la superposition de deux chansons populaires en Sol majeur, ainsi que deux éléments rythmiques, exécutés par les timbales, le cor et le trombone (autrement dit, des imitations de battement de coeur en écho au coups de marteaux). Enfin, au violoncelle, un rythme obstiné qui est donné sur une pédale de Sol, en pizzicato, sur un rythme de 3/8 noire - croche - battement de coeur... Là-dessus se greffe le bref échange de paroles entre la femme et le beau-père, traité dans le style, ou presque, du récitatif.

Il importe de noter l'originalité de ce passage qui manifeste une maîtrise remarquable dans l'emploi de la polythymie et de la polymétrie. Elle résulte de la mise en oeuvre du procédé de décalage rythmique et métrique. Ainsi, le thème de *Valparaiso* est en principe de structure ternaire (les différentes versions sur la marche de la chanson sont notées en 3/4, 3/8 ou 6/8). Mais Milhaud les a notées en 4/4, tout en contrebalançant cette carrure par le 3/8 du violoncelle. L'intérêt du mélange de tous ces rythmes réside dans la création de cette atmosphère d'obsession: d'une pulsation exprimant l'inquiétude de la femme après le crime. (Voir *Ex. mus. no. 17)*.

Le *morceau no. 18* (mes. 696-726) reprend la chanson *Valparaiso* en *La bémol* et les paroles «Avec le marteau, j'ai frappé...» A partir de 712, le 2ème motif populaire, déjà présenté à la mesure 682, est employé en même temps que le thème *Valparaiso*, mais maintenant le dernier passe à l'orchestre; tandis que le premier est interprété par le chant, aux mots: «Les dos des marins se ressemblent». C'est le même procédé que celui de la mesure 682, sauf que Milhaud rétablit ici la notation en 9/8 et 6/8, sur le plan métrique *(Ex. mus. no. 18)*.

Le *morceau no. 19* (mes. 727-769) se compose de trois éléments mélodiques principaux: d'un thème d'allure populaire en *Ré bémol majeur* (mes. 726-737). Ce thème est carrément répété en *Si bémol majeur* aux mesures 738-749. Puis aux mes. 750-758, nous avons un autre thème populaire en *Sol majeur*. «Il doit avoir une ceinture pleine d'or» et enfin, de 759-767 revient le petit motif descendant de quatre notes dont nous avons déjà parlé *(Ex. no. 19)*.

Le *morceau no. 20* (mes. 768-777) est basé sur un bref motif en *Sol mineur* répété plusieurs fois et suivi d'un motif chromatique descendant *(Ex.no. 20)*.

L'ouvrage se termine par le *morceau no. 21* (mes. 778-8o4) basé sur la reprise du thème du Prélude orchestral du 1er acte (la Java, basé sur la gamme acoustique). La note finale de la pièce, un *Sol*, est la même que celle du début du 1er acte... Elle boucle ainsi la boucle... *(Ex. mus. no. 21)*.

A partir de ce simple relevé des principaux éléments thématiques du *Pauvre Matelot*, nous dégagerons la macrostructure de la pièce.

Quelle est la structure globale du *Pauvre Matelot*, sa macrostructure? Nous avons vu précédemment (133) que la structure du livret de Cocteau correspondait à une sorte de forme close. Peut-on retrouver cette morphologie globable dans l'organisation musicale de l'oeuvre?

Pour répondre à cette question, écrivons d'abord les 21 morceaux orchestraux, le *Prélude du 1er* Acte, l'*Interlude du IIème* acte et le *Prélude* du 3ème acte. Relions par des flèches les scènes ayant des éléments thématiques communs (voir annexe). Il est bien certain que quelque chose comme une structure close est ainsi parfaitement visible, car chaque acte est bien séparé de l'autre. D'autre part, l'élément thématique du début du 1er acte, sert aussi à conclure cet acte. Il revient à nouveau dans le numéro 15, donc vers la fin du 2ème acte. On le retrouve aussi à la fin de l'Acte III, où il forme le refrain final de la complainte. La structure ternaire apparaît ainsi très nettement, et ceci d'autant plus que la fin du IIème acte est basée sur les éléments thématiques de la première scène de l'acte I (voir Ex. mus. no. 22).

En comparant ce découpage avec le plan des scènes, basé sur le nombre des personnages en présence, on observera que la musique traduit ainsi parfaitement cette structure particulière, cet univers clos de Cocteau.

CHAPITRE VIII

LES ELEMENTS FOLKLORIQUES DU PAUVRE MATELOT

Lorsqu'on lit les critiques, parues à l'occasion de représentations du *Pauvre Matelot*, on relève une affirmation qui revient comme un refrain: «Le chant reproduit les tournures mélodiques des chants populaires. Parfois, un thème de chanson de marin intervient» (134); ou: «à travers relents et bouffées de motifs populaires, nous percevons, joie intense, les borborygmes de l'homme endormi et le choc ineffable du marteau sur le crâne» (135) ou encore «sur ce fond, de début à la fin, se détache l'arabesque des chansons de marins. Elles sont multiples, s'éclairent de cent façons différentes dans leur nécessaire monotonie» (136).

On pourrait multipler les citations à propos des chansons de marins, employées dans le *Pauvre Matelot*. Cependant, tous ces critiques musicaux ont un point commun: aucun ne donne les titres précis des chants populaires, utilisés par Milhaud.

On reste perplexe devant ce manque de curiosité, de désir de précision. La question paraît tout de même d'importance. Milhaud, a-t-il vraiment puisé dans le folklore les éléments thématiques de cette complainte en trois actes? Et, dans le cas affirmatif, comment a-t-il employé ces éléments? En les citant tout simplement ou en y apportant d'importantes modifications mélodiques? S'agit-il d'un collage dans le genre de *Pulcinella* de Stravinsky? D'une parodie, d'une contrefacture polyphonique? Ou au contraire, s'agit-il d'une création toute nouvelle de mélodies d'allure populaire? Autant de questions dont on aimerait connaître la réponse.

L'intérêt de Darius Milhaud pour le folklore est bien connu. Déjà, dans ses *Impressions d'Amérique*, il proclamait qu'il avait profité de son séjour aux Etats-Unis pour «travailler le folklore nègre» (137) et qu'il rapportait d'adorables chants populaires de la Floride». Dans un autre article du *Courrier musical*, il s'exclamait, plein d'enthousiasme pour le folklore des Noirs américains: «Ecoutez le *Saint Louis Blues*, le *Aunt Hagard Children Blues*, c'est la même tendresse, la même tristesse qui animaient les esclaves...» (138).

S'il faut en croire les déclarations du compositeur, faites à Claude Rostand, cette «question du folklore a toujours été pour lui une grande préoccupation», et, en effet «un assez grand nombre de ses oeuvres sont en rapport direct, avoué, voulu, avec le folklore» (128) (139).

Retenons aussi, dans les écrits de Milhaud, cette remarque qui éclaire le rôle important de la chanson populaire pour la musique de Milhaud: «Le gouverneur m'envoya des documents susceptibles de m'intéresser. Je n'ai pas résisté à utiliser les chants populaires (...) pour la *Libération des Antilles*. Ce sont les mêmes éléments qui m'ont servi pour écrire le *Bal Martiniquais* (129) (140).

Parmi les compositions de Milhaud, dans lesquelles des airs populaires servirent de matériau musical, il convient de citer *Saudades du Brazil* et surtout *Le Boeuf sur le toit* qui témoignent de l'influence que le folklore du Brésil exerça sur l'évolution de son oeuvre (141). Signalons encore, dans cette constellation, *Kentuckiana*, une ouverture à la française pour l'orchestre de Louisville, composée sur vingt thèmes du folklore du Kentucky (142), le *Carnaval de la Nouvelle Orléans* et la *Suite française* où sont employées des chants populaires français.

Au départ, ce fut donc surtout l'expérience brésilienne et nord-américaine qui servit de point d'ancrage pour l'univers folklorique. Il s'ensuit de tout ceci que l'expérience folklorique n'est pas unique dans l'oeuvre de Milhaud. Lorsque la nécessité s'en fait ressentir, il n'hésite pas à puiser dans le folklore les éléments mélodiques dont il a besoin pour une oeuvre nouvelle. Ces éléments folkloriques sont traités librement et intégrés dans son propre style musical.

Parmi les écrits qui reflètent son attitude par rapport à ce problème, il convient de citer ce passage de *Ma Vie heureuse* qui éclaire sa conception du folklorisme: «Le chant du Monde publia une vaste collection de folklore. Le problème du folklore est double: Il doit être laissé intact, classé dans les archives d'une bibliothèque, ou bien il doit être traité librement par un musicien et intégré dans sa personnalité musicale» (143). Ajoutons à cela, en corollaire, qu'il «ne faut utiliser ces thèmes empruntés (au folklore) que pour faire une musique neuve et personnelle». (144). Par conséquent, il ne s'agit nullement pour Milhaud de procéder à une sorte «d'arrangement ou d'adaptation», en harmonisant le folklore dans le style de la mélodie. Pour Milhaud, au contraire «il n'est pas question de prendre les thèmes et de les harmoniser sans les heurter (...) Si l'on reprend ainsi les thèmes populaires anciens, c'est dans le but de les faire revivre, leur donner une vigueur nouvelle, les rendre actuels (145).

Voici donc des raisons bien précises qui nous ont fait présumer au préalable de l'utilisation de motifs populaires dans le *Pauvre Matelot*, bien que Milhaud lui-même n'en ait jamais parlé. Avant de rechercher les points de ressemblance avec le folklore marin et les morceaux de la complainte, examinons d'abord le *Pauvre Matelot* sous l'angle d'une provenance éventuelle de telle ou telle mélodie du folklore.

A priori, on relève quantité de thèmes ou de motifs qui, en raison d'une articulation mélodique caractéristique et d'une carrure régulière pourraient provenir du folklore. Les caractéristiques retenues sont notamment l'allure franchement tonale, la progression mélodique par degrés, c'est-à-dire, la répétition d'un élément mélodique sur un ton plus haut ou plus bas (par ex. la *Scène II, air no. 4*) (146) l'ambitus restreint (en général de cadre intervallique de l'octave) et la régularité de la carrure (147).

Les matériaux folkloriques sont si parfaitement intégrés au langage personnel de Milhaud que la détermination des sources de l'opéra s'est avérée une tâche très difficile. Afin de tenter de la résoudre, nous avons d'abord relevé à la Phonothèque de la Bibliothèque Nationale les incipts des chansons de marins, déposés depuis 1938, année de création de ce département. Puis, nous avons procédé à l'écoute de ces chansons, tout en les comparant avec notre inventaire thématique du *Pauvre Matelot*.

C'est alors que nous avons noté de frappantes analogies entre plusieurs passages de cet ouvrage et les chants de marins qui étaient tous d'un type mélodique semblable. Dans la concision de plusieurs motifs marquants du 3ème acte, on pouvait rapidement reconnaître les accents des chansons maritimes (Disques Pathé-Marconi, B 2 COB4-12678 et Disques Vogue LVLX 5730-Chansons de marins).

Il s'agissait des mélodies suivantes:

1) *Nous irons à Valparaiso* («Hardi les gars»). Cette chanson correspond à la mélodie, employé par Milhaud dans le *Prélude du 3ème acte*, à partir de la mesure 654 (comparons l'exemple musical no. 18 au no. 23).

2) *«Adieu; cher camarade»*. Cette chanson est employée à partir de la mesure 670 mais aussi par la suite (682-695) (voir ex. mus. no. 16e, et no. 24).

3) *C'est en passant sur le pont de Morlaix*. Cette chanson figure églament dans le *3ème acte*, aux mesures 727-734 et 738-748 (voir les exemples musicaux no. 19b et no. 25).

4) *Passant par Paris, vidant ma bouteille*, est employée aux mesures 750-767 (voir ex. mus. no. 19b et no. 26).

Les quatre chansons figurent notamment dans le disque: *Eric Tabarly présente les Chansons de la mer*, Paris, Pathé-Marconi, 1973, B 2 (C064-12678).

Plusieurs fiches de la Phonothèque précisaient que le collectionneur de toutes ces chansons de marins était le Capitaine Armand HAYET. Celui-ci avait publié en 1927 un ouvrage intitulé: *Chansons de bord, recueillies par le Capitaine au long cours Armand HAYET, harmonisées par Charles Bredon et illustrées de 14 dessins originaux d'André LHOTE*, Paris, Editions Eos, 1927 (cote de la BN 4e VM7 716). Or, André LHOTE était un ami de Darius Milhaud et possédait lui-même une importante collection de chants populaires dont on a perdu la trace (124). L'ouvrage du Capitaine HAYET ayant paru en 1927, il est probable que Milhaud ait pu prendre connaissance des chansons avant la publication, par l'intermédiaire de son ami Andre Lhote (148).

Examinons maintenant de près cette publication avec les quatre chansons citées ci-haut, dont l'emplois dans le *Pauvre Matelot* est incontestable.

Voici tout d'abord, le texte de la chanson *Nous irons à Valparaiso* reproduit à la page 34 de l'ouvrage du Capitaine HAYET:

1/ Hardi les gars, vire au guindeau
Good bye, farewell
Good bye fare well
Hardi! les gars, adieu Bordeaux
Hourra! Oh! Mexico!
Oh! Oh! Oh!
Au cap Horn, il ne fera pas chaud
Haul away, he!
Oula tchalez!
A faire la pêche au cachalot
Hal' matelot
Hé! Oh! Hisse hé! ho!

II/ Plus d'un y laissera sa peau
Good bye, farewell,
Good bye farewell
Adieu, misère, adieu bâteau
Hourra ! Oh ! Mexico !
Oh! Oh! Oh!
Et nous irons à Valparaiso
Haul away, he!
Oula tchalez!
Où d'autres laisseront leurs os.
Hal' matelot
Hé! ho! hisse hé! ho!

III/ Ceux qui r'viendront pavillon haut
Good bye, farewell
Good bye, farewell.
C'est premier brin de matelot
Hourra, oh Mexico!
Oh!! Oh! Oh!

Pour la bordée, ils seront à flot
Haul away, he
Oula tchalez
Bon pou le rack, la fille, le couteau
Hal' matelot
Hé, ho!

La même mélodie est employée aussi pour une autre chanson de marin: «As tu connu le père Lancelot»? (ex. mus. no. 23).

La chanson *Adieu camarade* est employée en même temps que *Valparaiso*, en contrechant au IIIème acte. L'emploi de cette chanson après le meurtre semble représenter ici une sorte de chant d'adieu, chant funèbre que l'auteur adresse à son personnage, le matelot, et ceci par le biais de la citation musicale. C'est le commentaire de l'auteur, le prolongement subtil de l'action dramatique: «Good bye, farewell» et «Adieu cher camarade», il faut nous quitter» se font ainsi écho. C'est une sorte d'oraison funèbre du matelot. Voici le texte de cette deuxième chanson:

Adieu, cher camarade, adieu
faut nous quitter. faut quitter la bamboche
A bord, il faut aller
En arrivant à bord, en montant la coupée
à l'officier de quart il faudra se présenter
faudra se présenter. (149) (Ex: mus. no. 24).

La troisième chanson *C'est en passant sur l'pont de Morlaix*, citée dans le 3ème acte, comporte, tout comme *Valparaiso*, quelques expressions anglaises. Voici le texte des 2 premières strophes:

C'est en passant sur l'pont de Morlaix
Haul away!
Old fellow away!
La belle Hélène j'ai rencontré
Haul away!
Old fellow away!

Bien humblement j' l'ai saluée
Haul away!
Old fellow away!
D'un doux sourire, ell' m'a remercié
Haul away!
Old fellow away! (150) (Ex.mus. No 25).

Voici, enfin , le texte de la quatrième chanson «Passant par Paris», citée par Milhaud aux mesures 750-767, page 67 du piano et chant:

Passant par Paris, vidant ma bouteille
Passant par Paris, vidant ma bouteille
Un de mes amis me dit à l'oreille
Bon, bon, bon, le bon vin m'endort
L' amour me réveille.
Le bon vin m'endort
L'amour me réveille. (151) (Ex. mus. no. 26).

En examinant ces quatre chansons et en les comparant avec la musique du *Pauvre Matelot*, on remarquera en premier lieu que deux d'entre elles, *Valparaiso* et *Adieu cher camarade* sont des citations presque textuelles. Les variantes y sont minimes et aisément reconnaissables. Regardons-les de près, en commençant par *Valparaiso*.

Chaque strophe de *Valparaiso* se compose de 8 segments. Ces éléments mélodiques sont employés dans le P.M. trois fois, d'abord aux mesures 654-665 (pages 86/87 de la partition d'orchestre) dans le solo de cor. Mais ici, Milhaud a modifié la rythmique en transcrivant la métrique à 6/8 de la chanson dans un mètre à 4/4. La prosodie rythmique de la chanson est alors indiquée par des accents. Le même temps revient à la mesure 695, avec rétablissement du 6/8 original, sur les paroles «Avec le marteau, j'ai frappé, j'ai tapé fort», mais en *La bémol* majeur, puis, une troisième fois, dans la partie de cor, au chiffre 39 (mesure 712-726) comme motif secondaire. En comparant les 8 segments de la chanson avec la musique de Milhaud, notamment la deuxième citation, en *Lab maj* (mes. 696-711) on fait les constatations suivantes (voir EXEMPLE MUSICAL no. 27, comparaison de *Valparaiso* et du P.M.).

Le premier segment «Hardi les gars» est identique: l'incipit de la chanson est cité, note pour note. Milhaud remplace le deuxième segment «good bye, fare well» par les intervalles du 3ème segment et du 6ème segment, avec les paroles «fort sur la tête j'ai tapé». Le troisième segment mélodique, chez Milhaud (j'ai tapé fort de toutes mes forces) avec l'intervalle si caractéristique de la quinte, correspond dans la chanson au 7ème segment (à faire la pêche) tandis que le 4ème segment (je ne pouvais plus m'endormir) correspond au 8ème segment de la chanson («hal' matelot, hé! ho, hisse, ho!»).

Le cinquième segment du P.M. («j'ai vue mon mari sur la route, seul, sans argent») est une variante des 5ème et 6ème segments de la chanson, mais avec l'anacrouse formée par les deux dernières notes du 4ème segment de la chanson. 7ème et 8ème segments sont identiques dans les deux version. Le schéma ci-dessous aidera à comprendre le travail mélodique réalisé par Milhaud à l'aide de cette chanson.

Valparaiso		*Pauvre Matelot,* 3ème acte (PC, p. 63)
Segment	1 ————————	1
	2 ————————	6
	3 ————————	7
	4 ————————	8
	5 ————————	5 (plus fin de 4)
	6 ————————	6
	7 ————————	7
	8 ————————	8

Il en résulte que Milhaud n'a pas employé les segments 2 et 4 de la chanson. On peut se demander pourquoi? Ce sont précisément les deux segments où la chanson module à la dominante. Milhaud a sans doute voulu éviter cette modulation qu'il a donc remplacée par une reprise des segments 6 et 8.

Examinons maintenant la chanson «Adieu, cher camarade», en l'opposant au *Pauvre Matelot* (voir EXEMPLE MUSICAL no. 28). De même que *Valparaiso*, cette chanson est employéee sous deux versions rythmiques différentes, d'abord intégrée dans un 4/4 (mes. 669-781) en *Sol majeur*; interprétée par un solo de clarinette, aux mes. 681-693, elle revient dans la partie de hautbois (pages 89/90 de la P.O.). Puis on l'entend à nouveau en *Sol bémol majeur*, aux mesures 711 à 726, dans les parties de hautbois, de soprano et de basse, mais noté cette fois-ci en 9/8 ce qui se rapproche plus de la notation en 6/8 de la chanson populaire. Cette chanson se compose également de huit segments d'importance inégale. Opposons-les aux huit segments de la mélodie chez Milhaud (voir EXEMPLE MUSICAL no. 28).

Les deux premiers segments, «*cher camarade, adieu*« correspondant chez Milhaud, à «*Le dos des marins se ressemble*» (P.O. page 93). C'est une citation textuelle, note pour note et rythme pour rythme dans la version en *Solb majeur*. Dans le troisième segment on retrouve le même procédé que précédemment, c'est-à-dire, une sorte de tuilage. Celui-ci est formé de la fin du 2ème segment qui est répété au début du 3ème segment «...ter, faut quitter la bamboche à bord il faut aller» qui devient chez Milhaud «Qu'allons-nous faire du corps? Il faut avoir du courage». On notera une variante rythmique sur les mots «corps, il faut a» qui ne correspond pas tout à fait à «(bam)boche à bord, il faut aller».

Le quatrième segment comporte une petite variante. Le saut intervallique de le 6te y est remplacé par Milhaud par une 4te juste. Même procédé dans le 5ème fragment où l'auteur modifie la 5ème note, la seconde supérieure à partir de la 4ème est remplacée par la seconde inférieure. Le *6ème fragment* est une redite textuelle. Le 7ème fragement bien qu'identique sur le plan intervallique, comporte une petite variante rythmique: « se présenter faudra, il est lourd, il est», tandis que le 8ème segment, servant de conclusion, est repris textuellement dans la partie de hautbois.

Le travail, fait par Milhaud sur cette chanson, diffère quelque peu de celui de *Valparaiso*. Ici, il a conservé la structure de la chanson, et les modifications jouent surtout sur des notes isolées, voire quelques ryhmes prosodiques. On n'y trouve pas de suppression de fragments entiers comme dans le cas de *Valparaiso*.

Les chansons *«Le Pont de Morlaix»* et *Passant par Paris*; par contre, comportent des modifications un peu plus importantes, aussi bien rythmiques que mélodiques. Mais il subsiste suffisamment d'éléments mélodiques permettant d'affirmer, sans grand risque de se tromper, que ces deux chants de marins ont également servi de matière d'inspiration à Milhaud.

La chanson *«Sur le pont de Morlaix»* est plus brève que les autres et ne comporte que quatre segments. Comparons-la avec les passages en question respectifs de la complainte de Milhaud (voir EXEMPLE MUSICAL no. 29).

L'élément primordial qui subsiste - la succession intervallique - se présente dans le premier segment du *«Pont de Morlaix»* par *Do-la-fa-la-do-sib-la-sol* (en FA majeur dans la version de HAYET). Ce segment est transposé en *Ré bémol majeur* dans le *Pauvre Matelot*. Aux mesures 727-730 (P.O., p. 95) les paroles «Il faut avoir du courage. Te voilà riche» ont ainsi comme soutien musical le motif *Lab-fa-réb-ré-fa-lab-solb-fa-mib*. Tout ce segment sera repris en *Si bémol majeur* aux mesures 738-748.

On retrouve la même progression intervallique dans le deuxième fragment de la chanson «Haul away, old fellow away», et, dans le *Pauvre Matelot* (mes. 73O-733), avec ses sauts de 5tes si caractéristiques, transposées en *Réb*, mais avec des ryhmes différents, correspondant au texte de Cocteau.

Le troisième segment «la belle Hélène, j'ai rencontrée», évoque chez Milhaud l'association d'idée de «Je suis vieux, tu es femme» (mes. 734-736), avec la progression intervallique - *Mib-fa-mib-sib-ré-do-do-la*. Enfin, au quatrième segment «Haul away, old fellow away» (*fa-sol-la-do-do-la--sol-fa*) Milhaud associe l'image de l'effort physique: «Allons-nous pouvoir le porter» avec la mélodie *réb-mib-fa-lab-do-mib-réb*.

Tous ces éléments mélodiques reviennent, quelques mesures plus loin (mes. 738-748), transposés en *Si bémol majeur* (p. 96 de la P.O.). Ici, nous trouvons la même correspondance entre la chanson populaire et la mélodie de Milhaud, présentée dans les parties de flûte, de hautbois, de clarinette, et de soprane, avec les paroles: «Il le faut, et dans la citerne le jeter, mon père, mon père. Il le faut et dans la citerne le jeter, mon père, le jeter».

Les quelques différentes rythmiques constatées entre les deux versions de cette chanson proviennent évidemment des différences prosodiques entre le texte populaire et celui de Jean Cocteau.

La quatrième chanson «Passant par Paris» a servi pour le passage «Il doit avoir une ceinture pleine d'or» (mes. 750-767, p. 67 du P/C). Mais ici, la correspondance est moins évidente au premier abord, car la modification de la chanson est plus importante. Cependant, le thème, interprété par le trombone et la clarinette (p. 98-99 de la P.O.) comporte suffisamment d'analogies. La forme de la chanson «Passant par Paris» diffère à première vue du passage correspondant chez Milhaud, ne serait-ce qu'en raison de la présence de cinq unités mélodiques ou segments ayant la structure a-a-b-c-d. (voir EX. MUS. no. 30). Pourtant, si on regarde mieux, on constate que le premier segment de quatre mesures est presque textuellement repris (en *Sol majeur* chez Milhaud), à l'exception de deux notes, entourées d'un cercle dans l'exemple musical no. 30. A noter que tout l'effet de la chanson est fondé sur l'effet de l'anaphore (répétition d'un même membre de phrase) que Milhaud n'a pas repris.

La fausse résignation donne le ton au troisième segment «Un de mes amis» qui correspond chez Milhaud au passage «A son doigt, il porte une bague» (mes. 755-757). Mais on relève ici une transformation rythmique. Toutefois, on retrouve la note Sol du point d'orgue de la chanson, mais avec une fonction différente chez Milhaud, un *La* qui correspond au *sol* de la chanson.

Le passage suivant «Le bon vin m'endort», correspond chez Milhaud aux mesures 759-763 qui sont interprétées par le trombone. Le dernier segment des mesures 763-767 «Les coqs chantent, le jour se lève, j'ai peur mon père, je nous croyais en pleine nuit», correspond à «le bon vin m'endort», dernier segment. Milhaud évite ici de répéter le *Do*. L'unité mélodique «*Fa-sol-la-do-do*» est remplacée dans le *Pauvre Matelot* par *sol-la-si-mi-ré* en *sol majeur*.

On aura sans doute noté l'emploi de quelques mots anglais dans les chansons de marins. Selon le capitaine Hayet, il s'agirait d'emprunts, faits aux «chanties», des chansons de bord des marins anglais avec des expressions telles que «Good bye, farewell» ou encore «haul away» (152).

Que sont donc originairement ces mélodies? En effet, on trouve souvent les mêmes thèmes à des époques différentes et combinés avec d'autres paroles. Selon le Capitaine HAYET, les chants rassemblés dans son recueil dateraient des années 1820 à 1850. Son hypothèse est fondée sur le texte des chansons, faisant allusion aux châtiments corporels «un jeune quartier maître, la garcette à la main, aux ordres du premier maître, nous astique les reins» (153). Mais ces châtiments corporels furent supprimés dans la marine française en 1848, d'où son hypothèse. Enfin, la chasse à la baleine dans le Pacifique ayant débuté vers 1820, (154) certaines chansons semblent avoir été composées vers cette époque.

L'échantillonnage indiscutable de ces emprunts paraîtra sans doute suffisant pour montrer la manière dont Milhaud use de la chanson populaire dans son oeuvre. Certes, d'autres éléments mélodiques subsistent dont nous n'avons pu élucider la provenance. Mais le travail d'adaptation, son mécanisme qui tranche, modifie sans cesse, rend leur identification particulièrement difficile. Déterminer les sources folkloriques de ces motifs est une tâche quasi impossible, car les éléments folkloriques y sont fortement intégrés au langage personnel de Milhaud. De plus, ils sont par ailleurs soumis au mécanisme d'adaptation des mélodies à la prosodie de Cocteau. Mais nous avons surtout voulu démontrer ici ce mécanisme. (155)

Voici le relevé des autres motifs qui semblent provenir du folklore:

1) *Le thème du Prélude orchestral.* On le trouve d'abord structuré dans le cadre d'une gamme acoustique (mes. 1-16), puis, à trois reprises, sous un aspect diatonique (mes. 25-30, mes. 98-99, et mes. 372-373). La partition comporte plusieurs variantes du même thème.

2) *Le thème 1b*, en *sol mineur*, mes. 70-81, ou sa variante, mes. 614-629 (voir ex. mus. no. 1b).

3) *Le thème du morceau no. 4* (mes. 156-158) (ex. mus. no. 4).

4) *Le thème du morceau no. 5* (mes. 209-210) ex. mus. no. 5.

5) *Le thème no. 6* (mes. 249-276) en *la mineur*, une sorte de ritournelle ou farandole (ex. mus. no. 6) et no. 8 (mes. 357417).

6) *Le motif no. 11* (mes. 490-493), ex. mus. no. 11.

7) *Le thème no. 12* (mes. 517-522) ex. mus. no. 12.

8) *Le thème no. 13* mes. 546-551, ex. mus. no. 13.

9) Le fragement mélodique de l'interlude (mes. 418-421) qui revient à plusieurs reprises (ex. mus. no. 14).

On retrouve dans ces motifs la même allure populaire, avec une progression mélodique qui procède souvent par mouvement conjoint. Certains airs ressemblent partiellement à ces chants de marins que les matelots de Provence et du Languedoc pratiquaient encore au siècle dernier, par exemple le motif des mes. 209-218 («Père, père, d'abord il faut que je devienne veuve») qui s'apparente, par le rythme et le ton à «O magali, ma tant amado» (156), sans constituer pour autant un emprunt véri - table comme *Valparaiso*. Des chansons de marins comme *La Danae, Le trente-et-un du mois d'août*, une danse comme *«La Matelotte»* semblent avoir servi de modèles, d'authentique fond populaire dont Milhaud s'est suffisamment imprégné pour maîtriser leurs particularités, leur essence. La matière populaire et traditionnelle n'existe alors plus que morcelée, sous forme de fragements difficilement attribuables à telle ou telle chanson du folklore de Provence ou du Languedoc.

En un sens, Milhaud s'est trouvé dans une situation analogue à celle de tous les musiciens «naturalistes» qui en ont appelé à la chanson populaire, encore que ses propres solutions aient été très différentes.

«Son exubérance volontiers brutale a su exaspérer des censeurs sans patience» (157), et sans doute des divergences d'opinions ont dû surgir entre le jeune Milhaud et son professeur Xavier Leroux, auteur du *Chemineau*. Malgré ses divergences de vue et de style surtout, le culte voué par Leroux au folklore trouve son écho tardif, vingt ans plus tard, dans le *Pauvre Matelot*, comme le montre cette lettre de Xavier Leroux à Henri MALHERBE:

«La mission du compositeur ne consiste qu'à rassembler les rythmes ancestraux. Un musicien ne doit s'inspirer que de chants populaires. Il peut les interpréter avec le goût et la science qui lui sont propres, il a le devoir de les animer, de les affermir, de les répandre. Le rôle du compositeur apparaît ainsi comme un rôle national» (158). Ce rôle national, Leroux croit le tenir en réunissant dans le *Chemineau* (1907) des motifs du folklore bourguignon.

Si pour Leroux, l'emploi de la chanson populaire correspond à une sorte de «rôle national», pour Milhaud, il ne s'agit que d'un moyen compositionnel parmi d'autres, dont le rôle est surtout d'ordre esthétique. Pour Milhaud, l'utilisation du folklore est un procédé de stylisation esthétique, car la citation d'un chant populaire permet de créer une sorte de distorsion de la réalité par le supplément d'information qu'apporte la chanson, en prolongeant ainsi la situation dramatique.

Dans ses *Entretiens avec Claude Rostand*, Milhaud s'est expliqué à ce sujet:

> «La recherche de l'expression poétique d'un texte ne consiste pas seulement à donner un synonyme musical à la musique verbale de ce texte, au poids de chacune de ses syllabes. Elle consiste surtout à en éclairer le sens, à donner un prolongement sonore et matériel - physique par conséquent - à ce qu'il exprime. Matérialiser l'idée qui est en ce texte, et aussi lui donner un mouvement dramatique qu'il implique» (159).

L'esthétique du prolongement a certes des avantages, mais des inconvénients aussi. Gretry, qui semble être le prédécesseur de Milhaud en cette matière, s'en est expliqué dans ses *Essais*, au sujet de *Matroco*, drame burlesque en quatre actes, en vers, par Laujeon représenté à Fontainebleau, l'année 1777, et à Paris le 23 février 1778.

«La musique faisait à chaque instant épigramme, et l'épigramme sortait d'un air de vaudeville, telle qu'on peut en voir l'imitation dans Perrau d'Ast (..) p. 290. Par exemple, sous un air chanté sur ces paroles: Ah! songe affreux! mais quand j'y songe! Pourquoi m'alarmer d'un songe! l'orchestre jouait l'air connu sous ces paroles: «Ah! ce sont vos rats qui font que vous ne dormez pas!». Toute la pièce était composée dans ce genre (p. 292).

Grétry qualifie lui-même ce procédé de «délire d'imagination», mais emploie quand même à nouveau la chanson populaire en raison de l'association d'idées qui en résulte» (160).

DALAYRAC aussi goûtait ce genre de plaisanteries. Dans *Renaud d'Ast* (1787), le personnage principal s'annonce en chantant l'air populaire («Il pleut, bergère») pour que le public saisisse bien la situation dramatique présentée sur la scène, c'est-à-dire une nuit d'orage (161).

L'esthétique de prolongement est aussi le critère essentiel de *Lady Macbeth de Mzensk* que Chostakovitch dénomme «tragédie satirique». Cette esthétique est illustrée par le comportement surprenant du prêtre qui demande d'un ton très enjoué, lorsqu'il arrive sur scène (Scène IV), «Ou est le moribond?». Le compositeur russe attache une grande importance à la psychologie de ses personnages dont il veut «arracher les masques» afin de mettre à nu leurs véritables motivations. Il choisira, pour ce faire, le procédé d'opposition apparente entre les actions et les paroles dites, en créant des situations contradictoires. Ainsi, au moment des adieux du maître de maison, partant en voyage, les serviteurs exprimeront lourdement leur profond chagrin face à ce départ, mais ces paroles désolées seront dites sur le ton de la plus parfaite indifférence, tandis que l'orchestre entonnera simultanément une musique d'une franche gaîté. Cela signifie évidemment, qu'en vérité, les serviteurs sont très satisfaits du départ de leur maître qu'il détestent cordialement (162).

On trouve des procédés esthétiques tout à fait semblables dans le *Pauvre Matelot*. Une scène atroce du *3ème acte* exprime clairement cette esthétique du prolongement. Après le meurtre du pauvre marin, la scène débute par une reprise de *Valparaiso*, d'une gaîté trompeuse, en *La bémol majeur* car la femme chante alors «Avec le marteau, j'ai frappé, j'ai tapé de toutes mes forces». Pourquoi, Milhaud n'a-t-il pas fait chanter ce passage en *La bémol mineur* par exemple? Fracasser la tête d'un individu n'est pas spécialement réjouissant. Milhaud veut ainsi souligner le contraste entre les paroles et la musique (paroles atroces - musique gaie). Il accentue ainsi le caractère d'irréalité de la scène, en fixant des certitudes qui ne sont pas gaies du tout, pour démontrer l'inconscience totale de la femme, sa folie, et pour rendre l'histoire plus frappante.

Contrairement à ce que dit Collaer dans ses commentaires (163) le meurtre n'est pas le fruit du hasard, la conséquence d'un destin aveugle, mais le résultat logique de l'état psychologique de la femme, cette épouse délaissée, rendue à moitié folle par l'espoir soudain du retour du mari.

On aura sans doute noté que notre interprétation de l'esthétique du prolongement et de ses répercussions sur l'emploi du folklore est assez éloignée de celle de Paul Collaer dans son ouvrage sur Milhaud:

Pour Collaer, le «crime, si terrifiant en réalité, n'est là que par fidélité à la tradition des complaintes, pour justifier l'atmosphère mélancolique et fataliste des chansons des gens de mer, et si nos yeux se le voient accomplir, nous emportons néanmoins l'imprécision d'une chanson et non d'un acte réel (...). Seul le récit du meurtre prend une certaine envolée. La femme raconte son crime exactement comme le ferait un chanteur de places publiques. Avec la même indifférence détachée. L'orchestre s'abstient de tout commentaire symphonique. Il se contente d'accompagner la complainte» (169).

Pour Collaer, la musique souligne parfaitement le caractère trouble de ce passage. «Le *Pauvre Matelot* se termine dans une étrange lumière, sur le contrebasson seul qui s'enfonce dans la nuit, tandis que le *La* naturel du chant vous remplit d'un indéfinissable malaise» (165).

En effet, c'est là une trouvaille intéressante que cette opposition entre le *La bécarre*, chanté par la femme, et l'orchestre jouant en *Fa mineur*. Mais le contrebasson ne figurait que dans la version de 1926 pour grand orchestre et non pas dans celle de 1934 pour 13 musiciens, où ce passage est interprété par le basson.

A cet endroit (pages 83/84 P.O.) de la partition, l'emploi du contrebasson est de loin supérieur au basson, d'un effet plus sombre, plus tragique que le basson. C'est l'un des passages de la partition où la version de 1926 pour grand orchestre est sans doute supérieure à la version de 1934 pour 13 musiciens.

Le troisième acte débute d'abord dans le silence. C'est une sorte de pantomime. La femme va mimer ici la scène de l'assassinat, symbolisé par le bruit du marteau qui tombe par terre et le vol des perles et des richesses du matelot. C'est ce qu'indique Cocteau dans la partition. Il n'empêche que certains metteurs en scène font exécuter le prélude orchestral avec la chanson «Hardi les gars» pendant la scène du meurtre et non pas après. Au moment même où la femme frappe laborieusement sur la tête de son mari, on entend la musique du Prélude de l'acte.

A notre avis, une telle mise en scène est erronée, car elle est très éloignée des conceptions esthétiques de Milhaud, c'est-à-dire de l'esthétique du prolongement. Qu'est-ce qui représente ici le matériau du prolongement? C'est évidemment le chant *Valparaiso*, le «*Good bye fare well*», le chant d'adieu, l'ode funèbre du pauvre matelot.

L'analyse de Collaer est basée sur la simultanéité de deux actions différentes: coups de marteaux d'une part, et «chants d'adieux» de l'autre. Aussi, dit-il dans son analyse «qu'au moment du meurtre éclate à l'orchestre un bruit de tous les diables, on est étourdi par les rengaines qui vous assaillent à la fois. N'est-ce pas la femme qui voit 36 chandelles au moment de frapper?» (166).

Nous serions enclins à croire plutôt que c'est le matelot qui voit 36 chandelles. Collaer a probablement assisté à une représentation dont la mise en scène ne respectait ni les indications de la partition (meurtre dans le silence, avant l'attaque de l'orchestre) ni l'esthétique de prolongement de Milhaud. Mais on peut toujours faire plusieur lectures différentes d'un même passage. Dans ces conditions, l'interprétation de la scène du meurtre devient toute autre.

Après l'assassinat se situe un petit prélude orchestral de 39 mesures. Ce passage est basé sur un thème en *sol majeur* qui débute à la 9ème mesure de ce morcau. Les accents indiquent qu'il doit s'agir d'un thème de structure ternaire sur le plan rythmique, autrement dit, un 3/8 ou un 6/8 qui se trouverait imbriqué ici dans un 4/4.

Ce thème revient quelques pages plus loin (p.63). Mais cette fois-ci en *La bémol majeur* (voir la partie de chant).

Or, quelles sont maintenant les paroles qui accompagnent le motif d'allure folklorique? «Avec le marteau, j'ai frappé, j'ai tapé fort sur la tête»...

Autrement dit, le morceau orchestral du IIIème acte commente en quelque sorte rétroactivement la scène du meurtre. C'est un commentaire subtil de l'action dramatique - une sorte de prolongement. Pourquoi subtil? Parce que'en effet le thème musical donnant le ton de cette scène, cette chanson populaire chantée sur un ton plein d'indifférence par la femme, ce thème n'est qu'une citation de chanson populaire, citation voulue par l'auteur.

Ce thème musical, c'est la chanson «*Hardi les gars*» avec les paroles si significatives: «Good bye, fare well, good bye, fare well!» (*Valparaiso*). Pourquoi cette chanson de marin precisément à cet endroit là? On se pose en effet la question de savoir de quelle façon l'auteur a résolu le difficile problème, consistant à exprimer l'indifférence de la femme et à provoquer simultanément la compassion du public pour la victime.

Le chant, «Hardi les gars», c'est le chant funèbre, le chant d'adieu du *Pauvre Matelot*. Devant l'horrible indifférence de la femme, l'auteur se sent pris de pitié pour son personnage et lui adresse, par le biais de cette citation, ce dernier adieu pour son dernier voyage. Cette petite chanson, toute simple, chantée en guise d'oraison funèbre, est le dernier salut des caphorniers: «Good bye, fare well, good bye fare well!»...

Par les paroles «Good bye, fare well» et «Adieu, cher camarade», ces chansons apparaissent ainsi comme des appels, et aussi comme un ultime testament adressé au public ému. Par la place que Milhaud leur a donné, en utilisant ces airs pour accompagner la scène du meurtre, il fait une sorte de bilan de la vie du matelot, en y juxtaposant deux chants d'adieux qui donnent ainsi le ton à presque toute cette scène du *3ème acte*.

CHAPITRE IX

ANALYSE FORMELLE DE L'OEUVRE

L'ouvrage se compose de trois actes très brefs d'une durée n'excédant pas quinze minutes. Le premier acte, bien que comprenant cinq scènes, peut être divisé en deux grandes parties, la première partie étant constituée des trois premières scènes, et la seconde partie débutant à la scène IV avec l'apparition du matelot.

Dans la première partie, consacrée à la présentation des personnages, on introduit d'abord la femme, son ami et le beau-père. Dans la seconde partie apparaît uniquement le matelot.

Le deuxième acte se compose de quatre scènes et le troisième acte de trois scènes seulement. Nous sommes donc en présence d'une progression décroissante et accélérée : 5 -4 - 3 scènes.

Dans l'analyse qui suit, nous considérons avant tout la ligne de chant. Le «Prélude» orchestral débute par un motif d'allure populaire, construit sur la gamme acoustique (*Do - Ré - Mi - Fa dièse - Sol - La - Si bémol*). La coupe de ce morceau orchestral est très régulière (A-A - B - A).

Prélude (mes. 1 - 34)		8			16			8		
	4		4	8		8	4		4	
	2	2	2 2	4	4	4 4	2	2	4	2
Schéma	a1	b1	b2	a1	b3	b4	a2	b5	b6	Passetto
	A1			A2		B1	A3			
	Do acoustique					Réb	Do			modulation

On peut relever, à la fin de la mesure 8, une légère entorse à la régularité de la coupe, puisqu'à cet endroit s'intercale un 4/4 parmi les 3/4. Aux mesures 9 à 17, l'auteur répète carrément les premières sept mesures, à l'exception de la mesure 16, légèrement modifiée en raison du pont pour le passage suivant, en *Ré bémol majeur.* De plus, l'auteur introduit de légères différences dans l'orchestration. Tandis que dans les premières huit mesures, le thème principal est présenté par la trompette, la flûte et la clarinette. Le hautbois se joint aux instruments présentant le thème lors de la répétition, tandis que le cor joue des tenues de *Do* et de *Si bémol.* Pendant les huit premières mesures, les notes de l'accord sont données par le hautbois et le basson dans l'aigu.

Aux mesures 17 à 24 se situe une période médiane, en *Ré bémol majeur*, sur une pédale de *La bémol*, période caractérisée par la lettre B. Cette période est construite sur un fragment du thème principal: *Lab, Solb, fa, solb*, première cellule de quatre notes qui constitue en fait le commentaire, le développement mélodique de ce thème, thème obtenue par répétition sur des degrés descendants, puisque l'on y trouve d'abord à la mesure 17 le passage *lab-solb-fa-lab*..., puis *solb-fa-mib-fa*... et enfin *fa-mib-réb-mib*... Il s'agit d'une sorte de marche d'harmonie procédant par degrés, mais conçue mélodiquement ici.

On pourrait jouer ce passage au piano et, pour s'amuser, mettre d'autres basses, celles d'une marche harmonique, soit au premier temps de la mesure 18 un *Sib*, au troisième temps un *Mib*, à la mesure 19 au premier temps un *Lab*, au 3ème temps un *Réb*, à la mes.20 au premier temps un *solb* et au 3ème temps du *do*, à la mesure 21 au 1er temps un *fa* et au 3ème temps un *sib* et ainsi de suite. Xavier Leroux aurait peut-être harmonisé ce passage de cette façon.

Mais Milhaud n'a pas procédé ainsi car il ne raisonne pas harmoniquement mais mélodiquement. Rappelons à cet égard ses remarques soulignant la primauté de la mélodie dans son oeuvre (cf. p. 8). S'il en est bien ainsi, la période médiane des mesures 17 à 24 illustre parfaitement cette conception. En regardant la partition d'orchestre, à la page 3, on remarque que les parties graves, alto, violoncelle et trombone sont effectivement conçues mélodiquement. Il s'agit d'une progression mélodique descendante.

La période conclusive du «Prélude» présente une variante du thème initial, variante diatonique de ce thème. On le voit, la forme de cette introduction orchestrale correspond à une variante de la «phrase-lied» A-A-B-A. Les deux mesures 33 et 34 constituent le «passetto», le pont pour le premier morceau chanté.

La question est de savoir si l'on peut analyser ce passage différemment. C'est ce que fait Antonio Braga dans son étude de l'œuvre de Milhaud (à la page 75). Selon cet auteur, le thème initial est d'abord en «Do majeur, avec la quarte augmentée», donc, dans le mode phrygien (ou 4ème mode du plain chant). Puis, Braga considère les mesures 5 à 7 comme un passage modulant en «FA majeur» (167). Nous estimons que l'auteur de cet analyse met trop l'accent sur des considérations harmoniques. Ce point de vue ne prend pas, à notre avis, suffisamment en considération la primauté mélodique, indispensable dans toute analyse d'une œuvre de Milhaud de cette époque.

Scène 1, 1er morceau chanté (mes. 35-112).

Nous avons divisé ce morceau en trois sections: la première comportant les mesures 35-69. La deuxième les mesures 70-97 et la troisième les mesures 98-112.

Nous constations d'abord que le chant est en do-majeur (mes. 37-42), puis, nous avons une brusque modulation en *Si majeur* (pédale de *Fa dièse*, dominante) pendant quatre mesures (cette modulation brusque provient peut-être du texte «je danse par ci et par là»). L'accompagnement orchestral du chant est basé sur une variante du thème du *Prélude*, variante de chaque fois deux mesures, d'abord en *fa mineur* (mes. 35-36), puis en *Do majeur*. Dans la main gauche, on relève plusieurs notes étrangères à ces tons, d'abord *fa mineur* descendant, puis *La majeur* (les tierces parallèles aux mesures 37, 38 et 41, ensuite une progression chromatique *La-sibémol (la dièse)* qui nous amène au *Si majeur* de la mesure 44. On le voit: tout cela est conçu mélodiquement, comme deux champs sonores opposés:

Aux mesures 47-54, reprise du *Do majeur*, dans le chant et dans l'accompagnement des registres supérieurs. Dans le grave, on note à nouveau le même principe d'une progression mélodique de notes étrangères aux tons qui se succèdent ici en quartes parallèles (mes. 47-50). A partir des mesures 55-58, reprise d'une variante du thème de l'introduction, mais en 6/8, puis, pendant six mesures (59-64), développement d'une variante du thème, et enfin, à la mesure 65, l'auteur répète le thème initial, mais en *Mi bémol* et dans sa forme diatonique.

Tout ceci nous donne le schéma métrique de la première section du premier morceau chanté ci-dessous.

1ère section (mes. 35-69) : «Vous aimez la danse ?»

35 mesures			
12	12	10	
4 4 4	4 4 4	6 4	1
2 2 2 2 2 2	2 2 2 2 2 2	4 2 2 2	1
a3 b5 a3 b6 a4	a3 b6 c1 a1 b1	a5 b1 a1 b1	passetto
A4 A5	A6	a A7	
fa DO fa DO Si	DO ---------------	fa DO Mib	
DO LA do LA Sol	mvt chromatique ----	accords ----	

A noter à nouveau à la mes.68 le procédé du «passetto», consistant ici dans la répétition de l'accord de *Si bémol maj.*, et qui établit la liaison avec la section suivante «Malgré ma tristesse, j'ai appris à danser..».

La 2ème section (mes. 70-97) débute par les paroles mentionnées. Dans une première période, (mes. 70-81), la mélodie s'articule sur une métrique irrégulière de 3 plus 2 mesures, puis de 3 plus 2 plus 2 mesures, soit douze mes. en tout.

A ce premier volet succède une période médiane de quatre mesures, d'abord en *do mineur* (le chant) avec des notes de passage chromatiques dans le grave, ensuite 4 mesures opposant les tons de *Do majeur* (dans la partie supérieure) et de *Ré bémol majeur* dans la basse (aux mes. 86-87). La période conclusive de ce passage se compose d'une variante du thème en *sol mineur* qui se trouve ici en La bémol majeur (mes.90-93). Les mesures suivantes (94-97) constituent la transition à la 2ème section de ce premier morceau dialogué. Ce pont est construit sur un fragment du motif initial.

La 2ème section du premier morceau possède donc l'articulation métrique suivante :

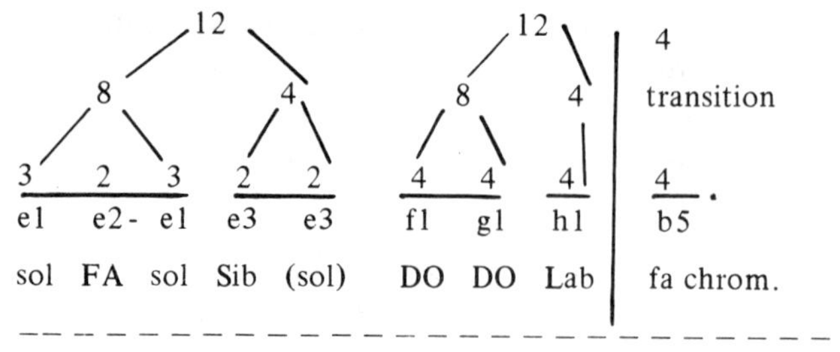

La *troisième section* de ce premier morceau chanté débute à la mesure 98 par «Oui, les chansons des marins recontent ces histoires».

La première période, allant des mesures 98-104, constitue un rappel varié du motif du Prélude, mais en *Do majeur* avec quelque notes de passage chromatiques. Le 2ème volet de cette 3ème section va des mesures 105-112. Cetre période est à nouveau construite sur un fragment très bref du motif du *Prélude*, mais présenté cette fois en plusieurs tons superposés. Le chant et la partie supérieure en Mi majeur d'abord, sont soutenus simplement par le grave par une tenue de Dominante, et par un trille *si-do dièse* aux violons (voir p. 14, P.O.). Ce trille se maintient, tandis que la partie supérieure passe en Do majeur (mes. 108). C'est à partir de là seulement que nous avons une véritable bitonalité.

La troisième section du morceau no. 1 a donc la structure suivante:

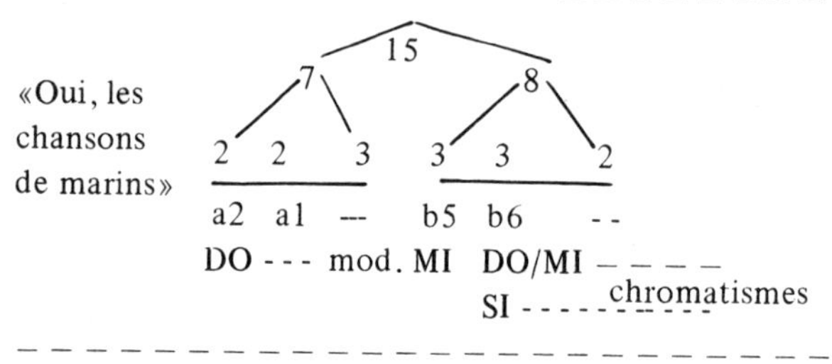

et les trois sections du premier morceau possèdent l'articulation métrique ci-dessous

35 - 28 - 15

Le *2ème morceau chanté* («J'aurais volé», mes. 113-144) se compose de deux sections: la première section est vive, la deuxième modérée (mes. 127). La première section (mes. 113-126) reste pendant dix mesures dans un vague *do dièse mineur* troublé par des mouvements chromatiques dans les parties inférieures. A le mesure 123, suit une modulation en FA majeur de 4 mesures. Le second volet «Modéré» (mes. 127-144) se compose de deux phrases: d'abord un thème de six mesures d'allure populaire, manifestement modal (*La, si, ré, do, rél mi, fa, sol, la*) transposé sur Do, puis quatre mesures de modulation en do majeur (le chant) à la mesure 133, un retour à la mes. 137 à la facture modale, et, des mesures 140-143 une période conclusive. La mesure 143 sert de pont au morceau suivant.

L'articulation métrique de ce 2ème morceau est donc la suivante:

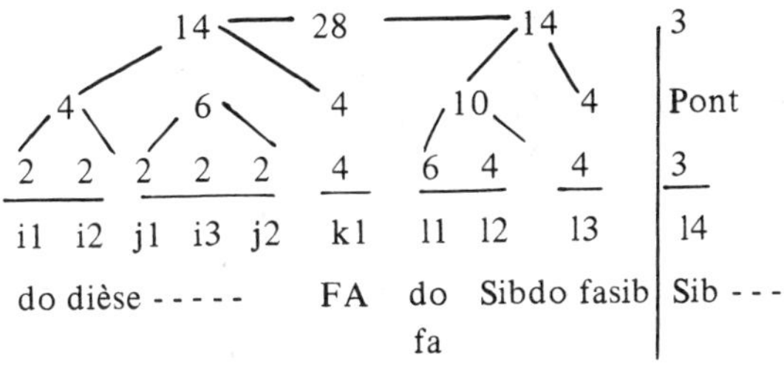

«J'aurai volé, tué pour lui» (mes. 113-144)

Scène II - 3ème morceau (mes. 144-155)

Il s'agit d'un bref dialogue entre le beau-père et l'ami. Ce dialogue commence à la mes. 144 avec les paroles «Toujours la même rengaine»... Il s'agit de l'entrée du beau-père. C'est la première fois qu'il parle et c'est pour critiquer sa fille. L'accompagnement se réduit ici à une succession d'accords parfaits mineurs et majeurs ascendants et descendants. Il faut bien dire que tout ce passage est orchestré assez lourdement , par des cuivres et les pizzicati des cordes, sans doute pour souligner ainsi le caractère bougonnant du beau-père. Dans la basse, on relève des notes étrangères à la tonalité de ce passage qui est d'abord en Do-majeur (la partie supérieure), puis en *Mi bémol majeur*, et enfin en *Do majeur* et en *Sol*. Malgré la hardiesse harmonique la construction formelle de ce passage est donc tout à fait traditionnelle, groupant chaque fois quatre mesures, soit:

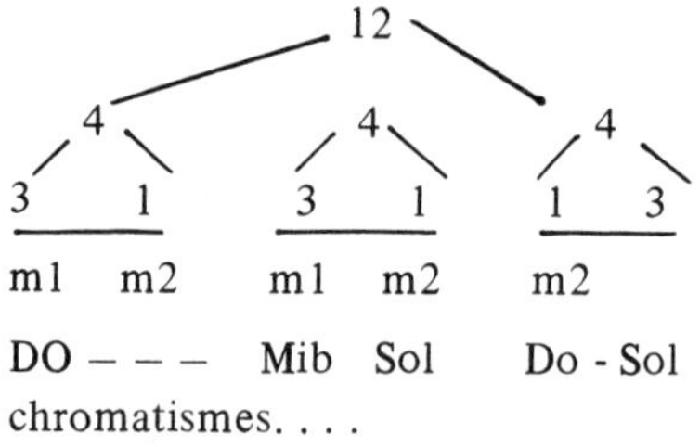

«Toujours la même rengaine» mes.144-155)

4ème morceau (mes. 156 - 208, P/C pp. 12-18)

Ce morceau débute par les paroles : «Vous nous voyez vivre ensemble». Il est assez long et se compose de plusieurs périodes. D'abord on relève la présentation du thème aux mesures 156-160, pendant 5 mesures. Suit une période médiane de 4 mesures et enfin la reprise d'une variante du thème (mes. 165 amputé de l'un de ses membres et transposé.La période suivante de 8 mesures, allant des mesures 169 à 176 peut être subdivisée en deux segments de 4 mesures chacune: On note d'abord une sorte de commentaire mélodique du thème, surtout dans le chant de la mesure 171 («Nous n'avons plus le sou»), puis une sorte de marche harmonique descendante des mesures 173 à 176 (Voyez les basses: *si bémol, lab, fa dièse, mi bécarre*).

Cette première section du morceau no. 4 se compose donc de deux tronçons de 13 et 8 mesures respectivement, soit, au total, de 21 mesures. Les éléments mélodiques sont désignés par n^1, n^2 et n^3, ainsi que par o^1 et p^1.

La deuxième section du morceau no. 4 comporte 26 mesures plus une transition de 6 mesures. Ces 26 mesures sont subdivisées en deux tronçons de 13 mesures chacune. Voici le détail: aux mesures 177 à 189 on relève une nouvelle période médiane, subdivisée à son tour en 4 plus 4 plus 5 mesures. Toute cette période étant désignée par q^1. Aux mesures 190-203, nouvelle période avec les paroles «le lundi, notre rue est calme». Ce passage se subdivise en deux éléments thématiques indépendants de 2 mesures d'abord, puis de 7 et enfin de quatre mesures. A noter le passage chromatique dans les basses, distribuées sur différents registres (*procédé qu'on trouve aussi dans l'opus 11 de Schoenberg* (168).Enfin, reprise du petit motif en tierces parallèles aux mesures 199- 202. A la mesure 201, il faut noter une petite variation rythmique du motif *fa-mi-sol-fa-sol-la-sol* en *sol-fa-sol-lab-sol.*

Cette transformation prépare la période conclusive (mesures 203-207), basée sur l'élément mélodique du début du morceau no. 4. La mesure 208 sert de «passetto» au passage suivant (no. 5). On distingue à la dernière section une cellule 1 qui constitue une variante de l'élément e^3 («Malgré ma tristesse»). Si l'on compare les résultats obtenus pour chacune de ces sections, on observe que la structure métrotectonique du morceau no. 4 est binaire (21 mesures d'abord et 26 mesures ensuite).

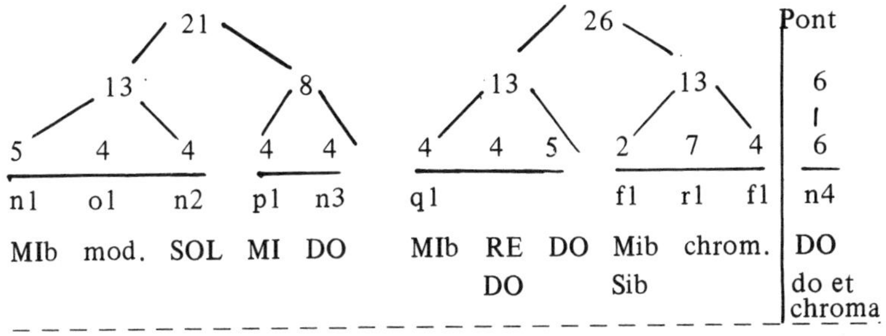

Scène III, 5ème morceau (mes. 209-248, P/C 18-22)

Ce morceau, qui pourrait s'intituler «thème et variations», se compose d'une présentation du thème populaire, de deux variations et d'une re exposition du thème. Le passage «Père, père, d'abord il faut que je devienne veuve» montre nettement un schéma d'organisation influencé par l'emploi de fragments mélodiques populaires.

L'articulation formelle est strictement carrée. C'est une succession de chaque fois deux mesures, 209/10, 211/12: 213/14 et enfin d'une codetta d'une mesure, suivie d'une autre mesure de structure polytonale servant de transition préparant la modulation en *fa dièse majeur* (217) soit 2-2-2-2-8.

Chacune des deux variations suit bien entendu le même canevas métrique, basé sur la répétition de formules mélodiques de deux mesures. La deuxième variation, allant des mesures 227 - 234, paraît la plus int,ressante, car elle montre l'emploi par Milhaud de ce que Vincent d'Indy appelle *«la variation décorative»*. (169) Elle est très simple ici, la mélodie étant répétée plusieurs fois, tout en étant soulignée par des traits de doubles croches, exécutés par la clarinette et la flûte.

La flûte joue d'abord des trilles sur *do dièse-ré dièse*, pédale de dominante supérieure. A la mesure 235, nouvelle transition de trois mesures, basée sur une variante du thème. A partir de 238, réexposition du thème populaire en DO majeur à nouveau. Puis, une petite coda de quatre mesures va terminer cette scène no. III (245-248).

L'articulation formelle de ce morceau (modulation) est donc la suivante:

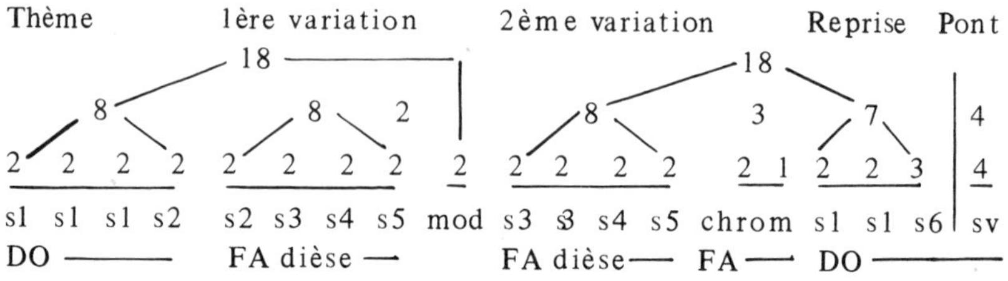

A signaler la mesure 216, bitonale. On y trouve d'abord une superposition de *Sol bémol - Do majeur* puis de *SOL majeur - Do dièse majeur* (voir parition d'orchestre, p. 28).

C'est avec ce morceau que se termine la première grande partie de ce premier acte, mettant en présence trois des protagonistes. La deuxième partie du *1er acte* se caractérise par l'apparition du matelot, page 23, à la mesure 249.

Scène IV, morceau chanté no. 6 (mes. 249-278).

Cette scène débute par les paroles du matelot, «Notre rue est toute petite». Elle est basée sur le procédé de la répétition d'un motif assez bref de deux mesures: *Mi-do-ré-ré-mi-do-si-la*. C'est une sorte de farandole qui revient sans arrêt. Il faut noter ici la superposition de deux tonalités: La mineur et fa dièse majeur. Cette tonalité, de FA dièse majeur apparaît surtout dans le mouvement mélodique des basses à partir de la mesure 267.

Du point de vue de l'articulation métrique, on note d'abord cinq fois la cellule thématique de deux mesures (mes. 249-258) avec de légères variantes rythmiques, puis une période médiane de 8 mesures, période baséee sur des harmonies de quintes et quartes superposées («Les vents effacent la figure»). La reprise variée du motif servant de période conclusive (reprise donc issue du premier motif des mesures 267-276) mène au passetto sur le *sol dièse* («Hep!») qui sert de transition au morceau suivant.

En résumé, la structure globale de ce passage est ternaire. C'est celle de la phrase-lied traditionnelle, composée du thème (10 mes.) d'une période médiane (8 mes.) et d'une période conclusive de 10 mes. Le rythme de cette pièce s'apparente à celui de la farandole. Ces éléments mélodiques sont probablement tirées d'une chanson populaire de Provence ou du Languedoc. Voici la structure métrotectonique:

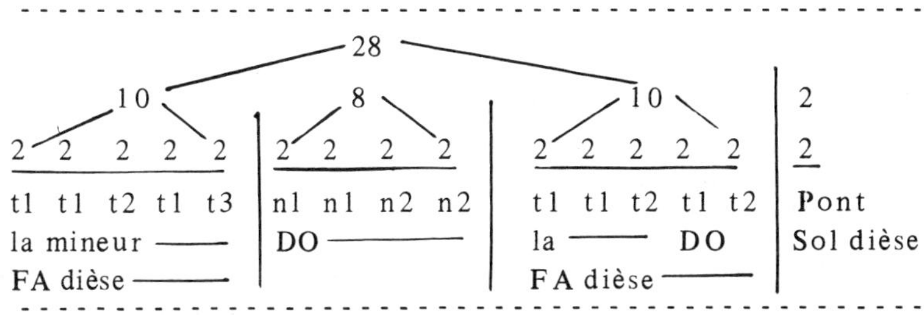

Scène V, morceau chanté no. 7 (mesures 279-352)

Il s'agit là du duo de la dispute entre le matelot et l'ami qui commence à la page 24 du piano/chant par les paroles «Vous n'êtes pas saoul de réveiller les gens». C'est aussi le seul endroit de la partition, où l'on trouve des intervalles chantés simultanés. Dans l'accompagnement, ce passage est basé sur un mouvement chromatique ascendant et descendant. Le texte prédomine puisque le chant est dérivé de la formule du «parlando». Mais dans l'accompagnement, une structure assez régulière se dégage tout de même. On relève d'abord une première section de 28 mesures, allant des mesures 279-307. Elle est structurée ainsi:

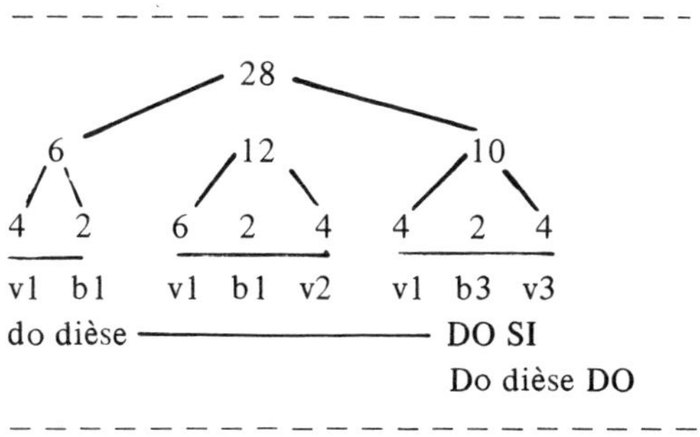

L'élément v1 correspond au mouvement chromatique descendant et ascendant, tandis que la cellule b^1 est une variante tiré du thème du *Prélude orchestral du 1er acte*. Des variantes de ce thème de l'ouverture reviennent de plus en plus souvent ici, de même qu'au morceau numéro 8, puisque, par l'emploi de ces variantes, Milhaud va clôre ce premier acte. A noter la variante en 6/8 de 6 mesures (mes. 307, page 27 du P/C), c'est-à-dire l'élément a^1. Par ailleurs, on remarquera à la page 26, aux mesures 297-300, dans la partie de basse, d'abord une cellule mélodique de quatre notes qui revient 6 fois, puis, deux mesures de l'élément b^1 (une variante) et à nouveau six fois la formule ostinative de quatre notes dans la basse, appelée w^1.

On note aussi que cette cellule revient plusieurs fois dans l'opéra, notamment au morceau chanté no. 12 (page 48, du P/C) et à la fin du 3ème acte où ce motif est alors sextuplé, puisque la croche est augmentée en blanche pointée (*Do-Si-La-SOL*), mesures 800-804).

Il est important de relever, aux mesures 313-330, une nouvelle période, basée sur le motif chromatique dans les basses et un fragment de l'ouverture (une variante obtenue par diminution). En réalité, l'orchestre répète ici 17 mesures déjà entendue au début de la scène V (donc aux mesures 279-417). Autrement dit, le début du morceau N 7 (au bas de la page 24) est repris à la page 28 (mes. «13) mais transposé un demi ton plus bas.

On remarque aux mesures 331-349, un rappel de la retournelle du matelot (une variante de l'élément t^1). Autrement dit, la musique soulignant les paroles «notre rue est petite», est employée ici pour les paroles: «et si ma femme, si ma femme». Le mesures 350-353 servent de pont pour le numéro qui suit. La structure du morceau no. 7 se résume ainsi:

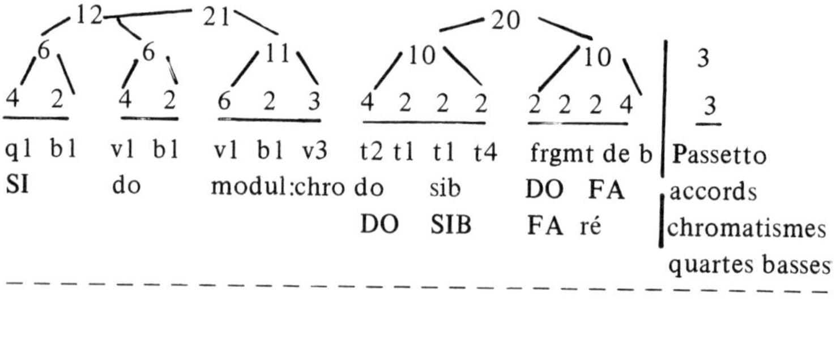

Morceau no. 8 (mesures 353-417, page 31 du P/C).

Le morceau no. 8 débute en réalité à la mesure 357. Il est donc préférable de considérer les mesures 353-356 (P/C page 31) comme une brève introuduction de quatre mesures pour le morceau no. 8 qui débute par «Calme-toi, ce n'est pas ta faute».

Le huitième morceau se compose de trois sections: une première section de 19 mesures (353-371), basée très probablement sur une chanson populaire en raison de son diatonisme affirmé. Ensuite, il comporte deux sections de 23 mesures chacune, d'abord de 372-394 («Pareille, autant dire») puis de 395-417, c'est-à-dire la fin du 1er acte. Ces deux sections sont fondées, d'une part sur un rappel du motif de l'ouverture, et, d'autre part, sur l'élément w^1 (les quatre notes descendantes qu'on retrouvera au no. 12 et à la fin de l'ouvrage).

Le chant, désigné par x, à l'allure populaire est en *Si bémol majeur.* Il est soutenu par des tierces parallèles. La deuxième section (ab-ab-ab-a) se caractérise par un rappel du thème de l'ouverture et de quelques variantes, tirées de la mini-ouverture. La troisième section est intéressante par l'alternance régulière entre le motif dérivé de l'ouverture et le thème du 5ème morceau.

Voici la structure métrotectonique:

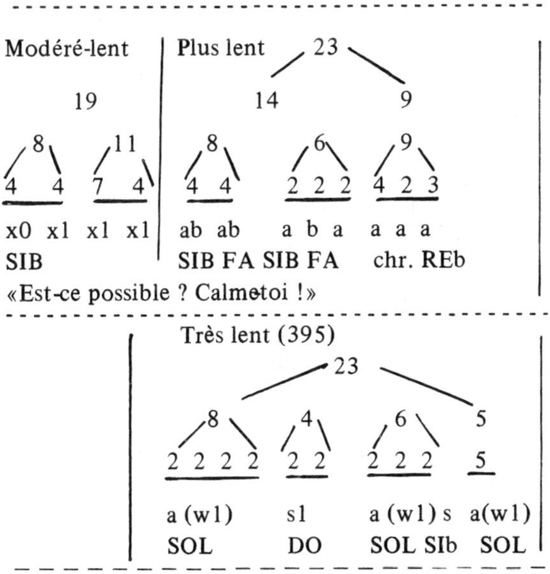

ACTE II

L'acte II commence par un *Interlude orchestral très bref de 11 mesures* (418-428). Cet interlude constitue en réalité l'introduction au *morceau no. 9*. La VIème scène, qui prépare la rencontre entre le matelot et sa femme. L'introduction orchestrale comporte donc 11 mesures, tandis que le morceau no. 9 comporte 15 mesures, soit 26 mesures en tout.

Sur le plan harmonique, le début de l'interlude illustre parfaitement la manière dont Milhaud conçoit la polytonalité: mélodiquement avant tout. La mesure 418 débute par un accord de quartes superposées. Suit une sorte de double mouvement mélodique par mouvement contraire entre la partie supérieure, c'est-à-dire *la bémol, sol, fa,* puis *sib, lab, sol*, et, dans les basses, des quartes parallèles chromatiques (*sol–do– – –lab– –réb– – – la bécarre, ré bécarre*). Pendant ce temps, la pédale médiane ne bouge pas. C'est ainsi qu'on arrive finalement, à la deuxième mesure, à cette superposition de *ré mineur* et de *do mineur*, et, à la quatrième mesure, à la superposition de *ré majeur* (quarte et sixte) et de *do majeur*. Autrement dit, chez Milhaud, les accords polytonaux proviennent d'un mouvement mélodique de deux parties indépendantes.

A la mesure 425, Milhaud répète carrément les quatre premières mesures de l'interlude, sauf que maintenant les accords sont écrits deux octaves plus bas et que l'orchestration de ce passage est différente. La structure métrotectonique de ce passage est donc la suivante:

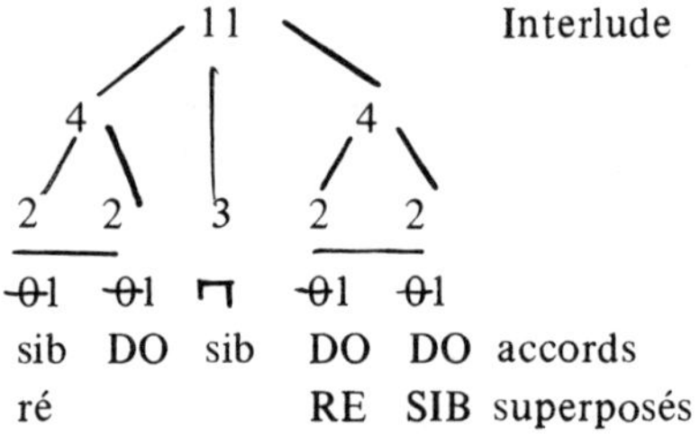

La scène no. VI (morceaux no. 9, mes. 429-443) continue l'interlude orchestral. Elle est pratiquement basée sur les mêmes éléments thématiques. Elle comporte d'abord trois mesures (429-431) où est reprise la formule des accords polytonaux superposés, puis viennent six mesures qui sont basées sur un élément thématique, tiré de la mesure 418, mais par mouvement contraire. Ainsi, la cellule *lab, sol, fa*, deviendra *sib, do, ré*. Le motif du début est repris aux mesures 438-443, où il est développé mélodiquement. A noter aussi les accords de quintes superposées au troisième temps des mesures 442-443 (*sol, ré, la, mi, si*). La structure métrotectoniques de ce passage est donc:

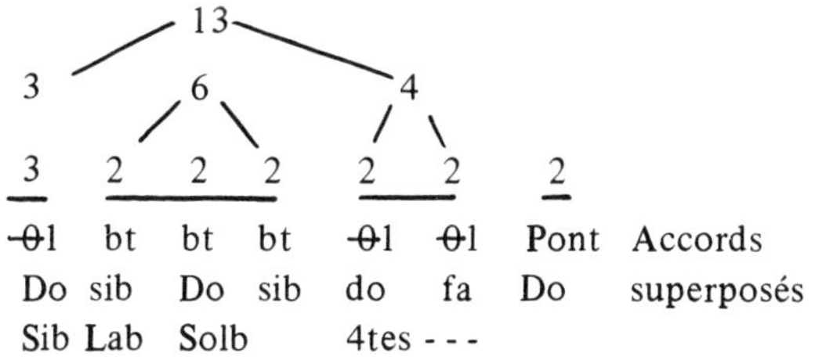

Mais, répétons-le: Notre découpage est artificiel. En réalité, l'interlude et la scène VI constituent un tout sur le plan thématique, et l'on peut donc les associer sur le plan métrotectonique:

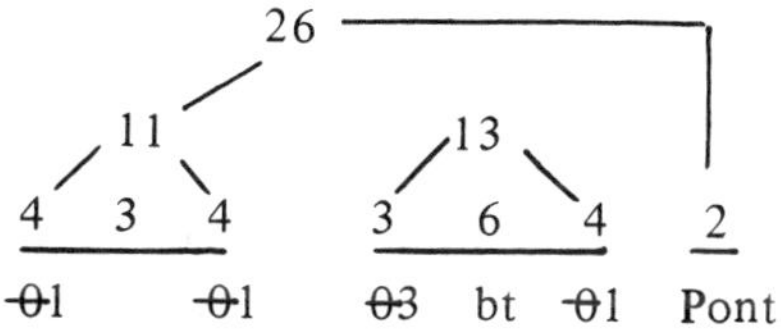

Scène VII (morceau no. 10, mes. 444-483). La rencontre de la femme du matelot.

Ce morceau a quarante mesures. Il est basé sur un motif d'accompagnement de deux mesures qui revient sans cesse. Ce morceau comporte plusieurs sections. D'abord, une première section de 14 mesures, allant de 444-457. Puis, un bref épisode de quatre mesures (458-461) intitulé «animez». Cet épisode est basé sur un motif dérivé de t^1 («Notre rue est toute petite») où cet élément rythmique faisait partie de l'accompagnement. En 462, reprise de l'élément sigma, mais transposé un ton plus haut. A la mesure 474, nouvelle interruption de l'élément sigma par l'élément rythmique t^1 puis, deuxième reprise d'une variante de sigma pendant 6 mesures. Nous disons «variante» en raison du mouvement descendant. Suit une transition de quatre mesures, dont deux sont basées sur la répétition transposée à la quarte supérieure de l'élément «pont» reliant le no. 9 au no. 10, page 38 «mais les femmes ont on œil vif»).

Sur le plan formel, on constate une sorte de diminution métrique régulière, puisque l'on relève 14 mes. 4 – 10 mesures - 4 – 6 mesures. Ce qui ressort ici, c'est la carrure régulière. La coupe est binaire puisque nous relevons les sections AB (14 - 4 – 18), puis ABA (10 - 2 - 6 -- 18), donc deux fois 18 mesures.

L'articulation métrique est la suivante:

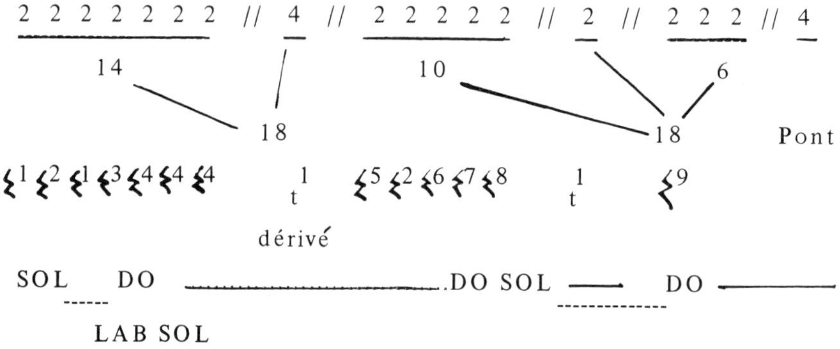

P.C. p. 38, soit 18 plus 18 = 36 plus 4 = 40.

Scène VIII (no. 11) mes. 484-516, le beau-père, la femme, le matelot.

Après une introduction de 6 mesures (mes. 484-489) débute l'arietta «Cher époux» (mes. 490-516). On relève ici deux grandes phrases. D'abord une première phrase en SOL majeur, interrompue par une brève modulation en *Si majeur*, puis retour en *sol*. En tout, 12 mesures, suivies d'une mesures servant de transition pour le segment suivant de 14 mesures en *Do majeur* où le thème est quelque peu développé. A noter, à partir de la mesure 513, la superposition de deux tons: sol bémol majeur et DO majeur.

Donc structure binaire:

Après «Cher époux» (mes. 490 - 516)

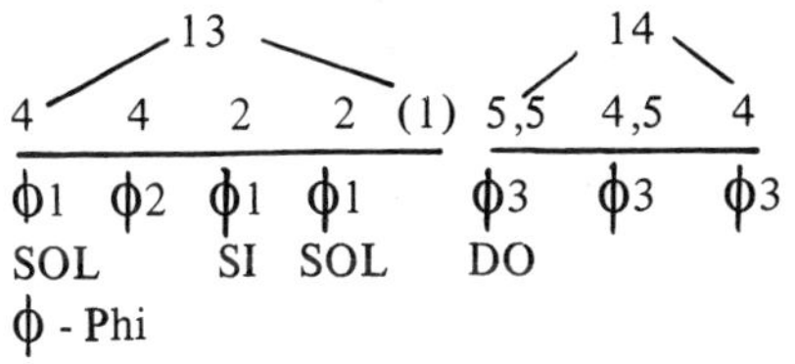

Morceau no. 12 (mes. 517-545), pages 48-50 du piano/chant.

Ce morceau débute par les paroles «On préparait mon sacrifice». Le premier élément thématique est basé sur quatre notes descendantes (*sib, lab, sol, fa)* [2] élément qu'on a déjà rencontré dans la scène *no. V* et dans le morceau *no. 8*. Il est répété d'abord deux fois, ce qui donne une première période de 4 mesures, suivie d'une épisode médiane de 2 mesures. Ensuite, une reprise variée du 1er élément thématique de quatre notes descendantes (mes. 523-526) pendant quatre mesures.

Suit une variante de 5 mesures, représentant une descente partielle dans le grave, un demi ton plus haut. Enfin, reprise de l'élément thématique de quatre notes (*sib, lab, sol, fa*) pendant deux mesures, suivie d'une seconde épisode variée de deux mesures. A la mesure 536-541, répétition dans la basse du motif de quatre notres descendantes (sib, lab, sol, fa) transformé en chromatismes descendants au 540. Enfin, le pont de 542-545 reprend le thème de l'arietta «Cher époux», mais en *SOL bémol majeur*.

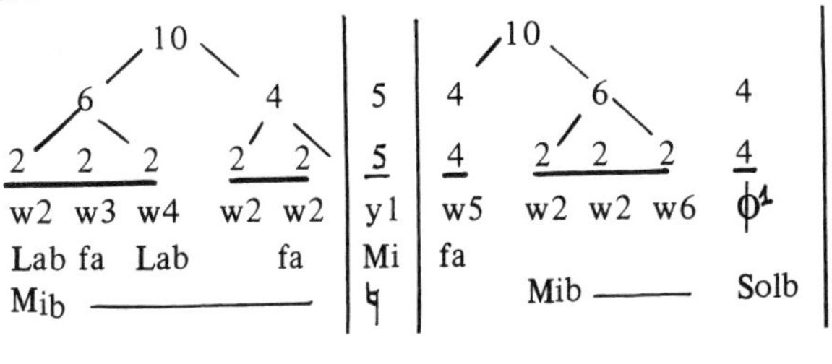

Morceau no. 13 (mes. 546-568) «Tromper sa femme, sauver sa peau».

Il est certain que l'arrangement harmonique polytonal est obtenu ici par la superposition de sixtes majeures parallèles dans le grave. Dans l'aigu, on distingue un motif d'allure populaire en *Si bémol majeur*. De 550-559 et de 564-568, on est carrément en *SOL bémol majeur*. Il faut noter aussi le nouvel emploi de l'élément thématique w qui revient dans l'accompagnement. La structure est donc:

14 — 9

4 2 2 2 2 2 — 4 5(2 - 3) — «Tromper sa femme»

z1 w2 w2 w2 w2 w2 — z2 z3

MIb SOLb ——

Morceau no. 14 (mes. 569-582) «Allons, vous êtes orgueilleuse»

Ce morceau est basé sur le dessin harmonique théta de l'interlude, employé également lors du passage «l'habitude rend aveugle» (page 38 du P/C). Milhaud reprend ici les mêmes accords que ceux de l'interlude qui débutent par des agrégats de quartes superposées.

Le procédé employé est celui du développement conjoint, un mouvement ascendant par degrés, c'est-à-dire la tierce mineure. On répète donc la même formule de deux mesures plusieurs fois: d'abord en partant de *lab*, puis de *Si bécarre* (mes. 573) puis de *RE (ré-do-si-mi-ré-do)*, puis de *FA (fa-mi-ré-sol-fa-mi)*. Enfin, à partir de la progression sur *La bémol* (mes. 579) l'auteur présente une variante du motif, obtenue par diminution des valeurs rythmiques. Tout cela nous donne une structure simple de douze mesures, suivie d'un pont de deux mesures:

12

4 4 4 2

2 2 — 2 2 — 2 2 — 2 — «Allons, vous êtes orgueilleuse !»

O2 O2 — O2 O2 — O2 O3 — Pont

Accords superposés

Morceau no. 15 (mes. 583-605) «Vous m'apportez des nouvelles» (page 53 P.C.).

Il s'agit là d'un rappel du thème du *Prélude* du 1er acte. Le morceau est de coupe binaire. La première partie est en *Do majeur* acoustique. Après une transition d'une mesure, ces douze premières mesures sont suivies d'une seconde partie de 10 mesures en *Do dièse majeur* acoustique. Celle-ci n'est qu'une variante de la première partie sur le plan thématique.

```
4   4   4   (1)  //   4   6    «Vous m'apportez
_______________      _______
     13                 10       des nouvelles...»
1   1                 1   1
a   b ______          a   b

Do (acoust.) ____     Do dièse __
```

Scène no. IX, morceau no. 16, mes. 606-645. «Il faut croire que la pièce marche.

On peut dire que le schéma de ce morceau est A B A B B. Il est, de plus, fondé sur deux éléments thématiques principaux qui sont tous deux des rappels variés de théta 2 et de e («Malgré ma tristesse j'ai appris à danser»). Le premier élément thématique est donc une variante mélodique des numéros 9 et 14, c'est-à-dire de théta 2 (mes. 606-613). Ce sont trois notes descendantes. On peut évidemment les relier aussi à la thématique de l'ouverture: *sib-do-ré-do-sib-do*). La deuxième période de ce morceau (mes. 614-624) est basée sur une variante de e1. De 625-628, on note pendant quatre mesure un rappel de théta 4 issue du no. 9. Enfin, le deuxième acte se termine par deux segments basés d'abord (-e 629-636) sur une variante de e («malgré ma tristesse») et la *coda* de 637-645, basée sur le même élément thématique.

On a donc la structure suivante:

```
- - - - - - - - - - - - - - - - - - - - - - - - - - - - -

   8         11          12          Coda     «Il faut croire
  / \       /  \       /    \
 4   4     5    6     4   5   3        9        que la pièce
 _____     ______     _________        _
 O4  O5    e4   e4    O4  e4  e5    e4  e5      marche !»
 MI  Mib   fa         FA  Ré         fa
           chroma        6tes étrangères

- - - - - - - - - - - - - - - - - - - - - - - - - - - - -
```

ACTE III

Prélude orchestrale (p. 59, mes. 646-682)

Ce prélude orchestral se situe immédiatement après le meurtre. Il convient de noter qu'une fois encore il ne s'agit pas d'un morceau indépendant. En réalité, ce prélude forme un tout avec le no. 17, sur le plan thématique. Nous avons séparé les deux morceaux uniquement pour des raisons schématiques, c'est-à-dire pour l'opposition orchestre-chant. Tout comme le prélude du IIème acte, celui du IIIème constitue une sorte d'introduction au morceau chanté qui suit. Nous insistons sur cet aspect pour que, dans la perspective d'une analyse métrotectonique, le *Prélude* comporte 36 mesures et le morceau no. 17 14 mesures seulement. Quelle en est la forme générale?

Après l'introduction de huit mesures, basée sur une petite cellule rythmique, on entend pendant 12 mesures la chanson de marin «*Valparaiso*». Elle est suivi d'un bref passage de 4 mesures, basé sur la cellule rythmique (deux double croches, croches plus motif descendant de deux notes). Le Prélude orchestral se termine par la chanson «Adieu, cher camarade». La structure de ce mouvement est donc la suivante:

	24		24		
8	12	4	12	12	2
Cellule rythmique	Valparaiso	Cellule	Adieu	Valparaiso Adieu	Cellule de transition
do	SOL et do		SOL 5tes chroma.	si min do min	Si

La scène X (morceau no. 17), mes. 682 reprend les deux chansons «Valparaiso» et «Adieu cher camarade», mais cette fois-ci de superposition simultanée. De plus, l'orchestre continue de faire entendre la petite cellule rythmique tandis que la femme et le beau-père entonnent, sur le ton du dialogue, une sorte de récitatif chanté: «Qui va là? Silence, silence».... La tonalité en est *SOL majeur*. Le principe structurel du Prélude et du *morceau no. 17* est l'alternance et la superposition.

Dans le *morceau No 18* (mes. 695-726, pp. 63-65), on note l'emploi de la même formule de composition, à savoir la citation et la superposition de deux chansons de marins. Mais cette fois-ci, les deux chansons sont notées dans une mesure de 6/8 et dans un autre ton, en *La bémol majeur* (mes. 696 - 711) d'abord, puis en *Sol bémol majeur* aux mesures 712 à 726.

Tandis que le premier fragment comporte un chant qui est basé uniquement sur la chanson *«Nous irons à Valparaiso»*, la deuxième section (mes. 712 à 726) est fondée sur la superposition de deux chansons : *«Valparaiso»* et *«Cher camarade»*. La première chanson *(«Valparaiso»)* est donnée à l'orchestre (le Cor), tandis que la seconde se retrouve dans la partie vocale.

L'articulation métrique de ce morceau est donc de seize et quinze mesures respectivement. En réalité, ces deux sections sont tout à fait symétriques. Lorsqu'on compte les pulsations (noires pointées), on relève 32 pulsations pour la première section et 32 pulsations pour la seconde (712-726). La différence résulte du 9/8 intercalé à la mesure 712 pour des raisons de prosodie.

Le *morceau No 19* (mes. 727-767, pp. 66-68 du P/C).

Ce morceau est basé sur le même principe: l'emploi de deux chansons de marins, fournissant la matière thématique. Il s'agit des chansons *«Sur le pont»* et *«Passant par Paris, vidant ma bouteille»*.

La première *(«Sur le pont de Morleix»)* est citée deux fois, d'abord en *Ré bémol majeur*, puis en *Si bémol majeur*. Cette chanson est d'ailleurs quelque peu transformée. Milhaud a gardé surtout l'ossature mélodique, c'est-à-dire, la succession des intervalles *(Do- la- fa- la - do - sib - la- sol*, en FA majeur). Il modifie cependant ce schéma mélodique pour des raisons prosodiques. Malgré ces précautions, l'ouvrage comporte malheureusement quelques erreurs de prosodie, par exemple à la mesure 696 (P/, p. 63) : «Avec le marteau j'ai frappé...». L'auteur met ici l'accent sur la première syllabe de «marteau», autrement dit sur «mar - ».

Cette chanson du «*Pont de Morlaix*» revient donc deux fois, d'abord aux mesures 727-737 (11 mesures) puis aux mesures 738-749, 12 mesures donc en *Sib majeur*. «Il le faut, et dans la citerne le jeter»...

La deuxième section de ce morceau (750-767) est basée sur la chanson «*Passant par Paris*», vidant ma bouteille, un de mes amis m'a dit à l'oreille, Bon, bon, bon, le bon vin m'endort, l'amour me réveille». Ici, on relève le même principe de modification de la chanson. Milhaud garde la succession des intervalles, mais il transforme à nouveau le rythme pour des raisons de prosodie («Il doit avoir une ceinture»).

En dehors de cette transformation, l'auteur change encore quelques notes dans la structure intervallique pour éviter des répétitions. Ce sont les notes entourées d'un cercle... De plus, il interrompt pour ainsi dire la chanson à la mesure 759 par un rappel de la formule mélodique de 4 notes descendantes, formule présentée d'abord dans le numéro 12 (page 48 du piano/chant). Cette formule continuera d'être entonnée par la suite et elle servira de contrepoint à la chanson «Passant par Paris, vidant ma bouteille».

L'articulation métrotectonique du *morceau no. 19* est donc:

11 ————	12 ————	18 ————
Morlaix	Morlaix	Passant par Paris
Réb maj.	Sib maj.	Sol maj.
«Il faut avoir du courage»		«Il doit avoir une ceinture«

Le *morceau no. 20* (mes: 768-777) de dix mesures comporte deux éléments mélodiques psy et oméga. Le premier d'allure populaire, l'autre constitué de quelques notes chromatiques descendantes. Le chant dialogué est une sorte de récitatif chanté. La tonalité générale est *sol mineur* avec plusieurs accords basés sur des quintes superposés et des chromatismes.

```
    10
2   2   (2)   2   2      «Je vais le voir»
ψ  Ω              Ω   ψ
sol min.
```

Le dernier morceau, *le no. 21*, mes: 778-804, correspondant aux paroles «Allons, mon père, prenons le»... reprend le thème de la mini-ouverture, basé sur la gamme majeure acoustique. C'est la conclusion, A noter, dans la Coda, le rappel de l'élément w, quatre notes descendantes.

```
 10
(1)    9            12        /        5   (Coda)
     al bl          al bl              wl  (do-si-la-sol)
     +w1          +w1
DO acoustique________________ se termine sur SOL.
```

FIN DU IIIème ACTE

Résumons maintenant les procédés compositionnels de Milhaud que l'analyse nous a permis de dégager dans cette œuvre. (voir Ex. Mus. no. 31).

Le principe formel de base est la citation de chants de marins. C'est la contrefacture dans le sens musicologique (contrafactum) ou, pour employer un terme plus moderne le «collage». Il s'agit du procédé de substitution du texte d'une chanson par un texte nouveau (170). Ce procédé est très ancien. On le rencontre déjà dans le *trope de substitution*. Dans la *27ème chanson*, Bernard de VENTADOR explique de quelle manière on peut trouver un nouveau texte pour une mélodie préexistante. A partir de la réforme luthérienne, et surtout au 16ème siècle, le répertoire protestant sera constitué selon le procédé de la contrafacture, par l'emprunt au répertoire latin et grégorien ainsi qu'au répertoire populaire et profane, existant en langue allemande. A cette époque, la profusion de compositions, reposant sur l'application du procédé, provient du désir de créer quelque chose de nouveau, tout en gardant une base traditionnelle.

C'est probablement aussi le pourquoi de l'emploi du *contrafactum* dans le *Pauvre Matelot*. Milhaud utilise la chanson de marrin voulant ainsi retrouver le lien perdu avec la complainte des siècles passés. La complainte représente le modèle par excellence du *Pauvre Matelot.*

A partir de ce procédé résulte la transformation partielle des éléments mélodiques auxquels Milhaud a substitué le texte de Cocteau. Ces transformations proviennent de la différence de prosodie entre le texte ancien de la chanson de marin et le nouveau texte de Cocteau. Elles s'appliquent donc surtout au rythme. Dans ces conditions, tout jugement sur la mélodie de Milhaud dans le *Pauvre Matelot*, faisant abstraction des emprunts au folklore, nous paraît très critiquable, ou, pour le moins, pêche par omission. Citons à cet égard une remarque de Roland Manuel, parue au moment de la création:

> «Aucune œuvre de Milhaud n'est plus simplement, ni plus clairement mélodique que le *Pauvre Matelot*. Aucune n'avait renoué plus franchement jusqu'ici avec le plaisir délicieux et toujours nouveau des modulations, ... ne disons pas - inutiles. Telle rentrée en UT majeur (p. 7 du P/C) atteste agréablement le dessin de réconcilier la mélodie et l'harmonie sur le plan de la tonalité» (171).

Nous avons vu que le développement de l'action dramatique préside surtout au morcellement des mélodies ainsi qu'au plan des tonalités. Sur le plan formel, la coupe des morceaux est assez schématique. On note une préférence pour des périodicités assez régulières dans l'ensemble, très souvent des phrases de huit mesures, ou encore des motifs de deux mesures fréquemment répétés sur d'autres degrés. La carrure classique se transforme ici en raison du procédé de répétition de petits fragments, membres de phrase de deux mesures le plus souvent répétés ou alternés deux par deux.

Le procédé consistant à répéter de petits segments de deux mesures ou à les faire alterner avec de légères variantes, s'apparente quelque peu à la technique de l'ostinato dont il pourrait constituer un dérivé. L'orchestre répète une phrase mélodique ou une suite d'accords revenant à plusieurs reprises, comme un refrain, tandis que la voix se complait dans une sorte de parlando, dérivé du langage parlé. A d'autres endroits, la mélodie est constituée par les emprunts au folklore marin.

Ces emprunts ont pour résultat l'accentuation du caractère populaire de l'opéra. Ce déplacement fréquent des accents toniques est appelé «fausse prosodie» par des critiques sans complaisance. Ainsi, Henri PRUNIERES, dans sa critique de la création, écrit-il à ce sujet:

> «Ce que serais tenté de reprocher à l'auteur, c'est son mépris de la prosodie. Il est bien vrai que les chansons populaires n'en ont cure, mais il est désagréable d'entendre tomber les accents presque toujours à côté» (172).

Dans ses *Etudes* de 1927, Milhaud s'était pourtant déjà expliqué à cet égard, précisant que ces «accents sont faux uniquement pour ceux qui ont une conception théorique et académique du problème». «Si je le fais», ajoute-t-il, «c'est pour mettre en valeur un mot important, soit en raison de son sens, soit en raison de sa sonorité propre. Ou encore une syllabe qui donnera au moins un relief particulier, conférant à la phrase une certaine perspective sonore, une intonation spéciale, convenant au sentiment qu'elle exprime» (173).

CHAPITRE X

LES ELEMENTS HARMONIQUES DANS LE PAUVRE MATELOT

Parmi les nouveautés harmoniques de Milhaud, l'écriture polytonale surtout a retenu l'attention des critiques. En comparaison, l'écriture harmonique étrangère au polytonalisme tient une place accessoire dans les critiques consacrées à son œuvre. Pourtant, le *Pauvre Matelot* représente, à bien des égards, une place à part dans l'harmonie de Milhaud. Dans cette œuvre, la conception polytonale n'a pas encore acquis la rigueur polymélodique qu'elle aura par la suite. Le procédé de superposition d'accords appartenant à différents tons est aussi fréquent que celui de la juxtaposition de mélodies issues de tons différents. Ultérieurement, dans *Christoph Colomb* par exemple, Milhaud utilisera moins fréquemment le procédé de superposition d'accords parfaits, appartenant à des tons différents. Dans cette œuvre, ce sont plutôt les thèmes aux tonalités diverses, présentés simultanément, qui seront de règle. En un mot, l'écriture harmonique de Milhaud sera désormais plus contrepunctique.

Par contre, dans le *Pauvre Matelot*, on rencontre fréquemment deux accords superposés, par exemple au début du IIème acte. Parfois aussi, l'auteur superpose deux thèmes, en soutenant le premier par des accords, tandis que le second est homophonique avec une basse présentant des notes étrangères à l'accord ou même au ton de la mélodie.

En fait, malgré son apparente audace, l'écriture harmonique du *Pauvre Matelot* est plutôt tonale. Le plan des tonalités est sans ambiguité, surtout lorsqu'on prend le parti de considérer séparément les parties supérieures et inférieures comme indépendantes entre elles sur le plan des tonalités. Lorsqu'on regarde la partie de chant, les tons sont sans mystère, sans doute en raison de l'influence du folklore. Par endroits, on relève même des formules cadentielles.

A cet égard, le *Pauvre Matelot* utilise un certain nombre de procédés harmoniques assez semblables à ceux de la *Brebis égarée* tels que des accords de *9ème de dominante*, des accords de *11ème* et de *13ème naturelle*, ou encore quantité de notes étrangères (retards, appogiatures, notes de passage, broderies, etc.). Celles-ci sont parfaitement expliquables dans le cadre de la syntaxe harmonique de la fin du XIXème siècle. Il nous paraît donc très superficiel d'interpréter les dissonances dont «Milhaud épice ses partitions» comme une sorte de «revigorant», jouant dans l'œuvre le rôle de «l'ail dans la cuisine provençale» (174). La gamme par tons, encore fréquemment employée dans la *Brebis égarée*, a complètement disparu dans le *Pauvre Matelot*, sans doute en raison des emprunts au folklore des marins. Du reste, Milhaud la tenait en piètre estime, la jugeant «de ressources fort limitées, et bien loin d'ouvrir une porte sur un nouveau champ d'expériences harmoniques, elle (le système harmonique fondé sur la gamme par tons entiers) restreint l'écriture harmonique a un même accord et l'écriture mélodique à six notes» (175).

Relevons maintenant quelques échantillons harmoniques dont Milhaud use dans le *Pauvre Matelot*, en commençant par les plus simples.

L'ACCORD PARFAIT

L'accord parfait, en position fondamentale, est assez souvent utilisé. Il intervient 22 fois au cours de l'œuvre (176). Ces interventions prennent les fonctions suivantes:

1) en tant que formule cadentielle aux mesures 185 et 417,
2) en tant que valeur de ponctuation au début (mes. 304, 307, 444, 447, 458, 460) ou pour conclure un passage, mais sans formule cadentielle (mes. 8, 59, 605).
3) en tant qu'accord de passage (mes. 209-213, 238-240, 403, 405). On ne relève aucune succession d'accords parfaits en position fondamentale.

L'ACCORD DE QUARTE ET SIXTE NON FONCTIONNEL.

Rappelons d'abord qu'il faut entendre par-là «une quarte

et sixte qui ne se justifie pas par la syntaxe musicale, comme c'est le cas sur le cinquième et le premier degré, pour préparer l'accord de dominante ou de tonique qui suit» (177). Ce genre d'accord est en général employé pour sa sonorité ou sa couleur. On a l'impression que Milhaud a une prédilection particulière pour l'accord de quarte et sixte non fonctionnel, car en dehors de la marche harmonique en *Ré bémol maj.* (mes. 17-24), il construit tout le *Prélude du 1er acte* sur lui. Par la suite, on le retrouve à d'autres passages, fondés sur le motif du *Prélude*, notamment aux. mes. 43, 44, 55, 56, 58, puis à nouveau aux mesures 65, 66, 67, 144 et 148. Nous avons donc relevé son emploi dans 36 mesures au total, ce qui est tout de même assez remarquable pour l'accord de quarte et sixte non fonctionnel au XXème siècle.

L'ACCORD DE SEPTIEME DE DOMINANTE.

Est employé de la même façon que l'accord de quarte et sixte, c'est-à-dire de manière non-fonctionnelle, sans jamais être résolu. Ce n'est qu'aux mesures 407-417 que s'établit une «ambiance de dominante», bien que voilée par l'accord de tonique que l'auteur emploie ici simultanément, comme une sorte de bitonalité simple. Voici le relevé des emplois de l'accord de 7ème de dominante: mes. 20, 22, 24, 43, 103, 136, 235, 236, 400, 402, 407, 408, 409, 410, 414, 415 et 416.

LES AUTRES ACCORDS CLASSES:

L'analyse harmonique de cette partition ne peut s'effectuer selon les procédés habituels, car chaque partie a son caractère propre. On a souvent le sentiment qu'en raison d'une sorte de cloisonnement des accords, de l'absence de points communs autres que la simultanéité d'émission, que le problème de l'enchaînement des accords, si important dans l'harmonie classique, a perdu toute importance aux yeux de Milhaud qui raisonne plutôt mélodiquement. Autrement dit, on trouve des lignes mélodiques, accompagnées de contre-chants chromatiques ou diatoniques qui semblent s'ignorer les unes les autres. On peut attribuer à de tels passages (par. ex. p. 50, P/C mes. 546) l'épithète de «surenchère polytonale, sans mesure, responsable de la faillite de l'expression» (178) mais nous pensons qu'ils correspondent plutôt à un cas extrême de l'usage de la polytonalité, signalé par Serge Gut dans son article sur la *polytonalité*, à savoir qu'il consiste en un mélange de formes harmoniques (verticales) et contrapunctiques (horizontales): «On prend deux mélodies de tonalités différentes dont chacune est harmonisée dans sa propre tonalité, puis on superpose le tout ainsi obtenu (179). Cette «soupe polytonale» n'est pas du goût de tout le monde, et Milhaud n'en use qu'avec parcimonie, en mettant l'accent par la suite sur le polymélodisme.

Si les accords classés sont aisément analysables, leur emploi sort par contre du cadre harmonique traditionnel, puisqu'en dehors de quelques exceptions, ils ne tendent jamais vers une résolution. Ceci provient peut-être de la volonté de Milhaud de provoquer de constantes dissonances afin de «heurter» aussi souvent que possible la chanson populaire qui a servi de matériau d'inspiration (180). Quoi qu'il en soit de cette optique, il faut bien reconnaître que Milhaud n'échappe que difficilement au conflit opposant des structures mélodiques anciennes aux structures harmonques nouvelles relevant d'une part de la syntaxe musicale des années 1820-1850, d'autre part d'une harmonie de 1926 somme toute non fonctionnelle, malgré l'emploi d'accords classés.

Relevons maintenant quelques autres accords classés, employés dans le *Pauvre Matelot*:
- accords de *7ème mineure* et *9ème mineure* aux mesures 60 et 61
- accord de *9ème dominante*, mesure 44
- accord de *11ème naturelle*, mes. 47
- accords de *13ème*, aux mesures 46, 137, 139.

Ces accords sont employés sans préparation ni résolution, et Milhaud passe, pour ainsi dire, sans transition d'un accord à un autre. Les parallélismes d'accords sont aussi assez rares. On relève d'une part un parallélisme de quintes à vide (mes. 273, p. 24 du P/C) et, d'autre part, quelques accords parfaits majeurs ou mineurs à la main droite (mes. 144 et suite), auxquels il oppose des basses dont les notes n'appartiennent pas à l'harmonie énoncée dans les parties supérieures. Signalons également, aux mesures 350-352 une sorte de fausse marche harmonique, fondée sur des accords de tierces et quarte à la main droite, auxquels s'oppose une progression de basses appartenant à d'autres tons.

On rencontre parfois aussi l'emploi de pédales aux mes. 17-24 (péd. inf.), puis aux mes. 209-212 et 591-594.

Dans son article *«Polytonalité et Atonalité»*, Milhaud avait signalé l'intérêt d'une superposition de quartes ou de quintes (181). Dans le *Pauvre Matelot*, il emploie assez fréquemment la superposition de quartes, et moins souvent celle de quintes justes. On relève ainsi des accords de quartes superposées aux mesures 89, 90, 92, 93, 418, 438, 490, 480, 569 et 581, tandis que les quintes superposées, plus rares, se retrouvent aux mesures 254, 272, 481, avec quelques parallélismes aux mes. 259, 263, 265/266.

Il faut signaler que le rôle du chromatisme est assez faible dans cette partition, ce qui explique sans doute l'absence de l'accord de *7ème dim.* ou des accords altérés. Lorsqu'on rencontre des passages chromatiques, ils sont toujours mélodiques, voire thématiques (par ex. aux mes. 279 et suite). Parfois, des chromatismes sont distribués entre les registres d'octave et s'opposent alors aux diatonismes de la main droite en troublant l'harmonie, sans pour autant installer un climat véritablement atonal (mes. 82-85, 111, 112, 191). Ce procédé n'est pas sans rappeler celui que Schoenberg emploie dans ses *3 Klavierstücke op. 11* (la 1ère, mes. 12) et que H. Leichentritt avait déjà relevé (182).

POLYTONALITE VERTICALE ET HORIZONTALE.

Le rôle de la polytonalité chez Milhaud a été soit exagéré (183) soit minimisé dès le départ. Ses adversaires l'ont condamné parce qu'elle serait une «déformation de la tonalité, un compromis» (184), menant à une «voie sans issue dans le sens de l'évolution historique de la musique» (185). Un malentendu a menacé le concept dès les premières recherches de Koechlin, de Stravinsky et de Prokofiev, vers 1910. Nier l'importance de la polytonalité dans l'œuvre de Milhaud, c'est méconnaître l'authenticité de sa démarche, c'est aussi, en un sens, ôter à son œuvre toute importance sur le plan historique. Il s'agit d'ailleurs d'une position polémique bien connue consistant à affirmer que l'évolution musicale devait aller automatiquement des formes tonales vers un atonalisme ou même vers l'ultra-chromatisme à tous crins. C'est là un point de vue erronné qui confond «progrès social ou technique» avec une complexification croissante du matériau musical ou des procédés compositionnels employés par tel ou tel compositeur. L'histoire musicale des dernières années vient du reste infirmer ces proclamations de foi, puisque l'on assiste à un retour en masse de la tonalité dans la musique des années 1980 (186).

En raison de ce malentendu, attaché à la notion de polytonalité, nous estimons qu'il est nécessaire de voir ce problème sous trois aspects: celui de la notion de polytonalité d'une façon générale, son rôle dans l'œuvre de Milhaud et enfin dans le *Pauvre Matelot* en particulier.

LA NOTION DE POLYTONALITE.

Le *Larousse de la Musique* définit la polytonalité comme «un type d'écriture musicale où les différentes parties d'une trame polyphonique se meuvent de manière totalement indépendante les unes des autres dans des tonalités différentes» (187).

Cette définition nous paraît insuffisante, car elle confond «polytonalité harmonique et verticale» et «polytonalité contrapunctique et horizontale». Nous préférons adapter la définition, donnée dans *Science de la Musique* qui pose clairement le problème:

> «Il y a polytonalité, quand deux ou plusieurs tonalités différentes sont superposées et entendues simultanément. S'il n'y a que deux tonalités superposées, ce qui est le cas le plus fréquent, on parle de bitonalité, forme la plus simple de polytonalité. Contrairement à ce qu'affirment certains théoriciens, la superposition de deux fonctions différentes appartenant à une même tonalité ne peut être considérée comme une amorce de polytonalité (par ex. do-mi-sol et sol-si-ré-fa). La notion de polytonalité est fort variable et peut recouvrir des réalités très diverses» (188).

Dans le domaine de l'analyse harmonique, il existe, en gros, trois manières d'interpréter la polytonalité. La première refuse de croire que le «système polytonal» procède d'un principe nouveau et rejette l'idée que la polytonalité puisse constituer une notion théorique indépendante de la tonalité. Elle part du point de vue préalable, selon lequel «toute superposition de sons (même 12) constitue une harmonie, un accord analysable à partir d'une fondamentale. Un tel accord, ayant une résolution naturelle, appartiendrait donc à une tonalité précise. Lorsqu'on parle de «polytonalité» il convient d'écarter d'abord toutes sortes d'artifices de notation, consistant par exemple à superposer un accord de *Ré bémol majeur* à un autre en DO dièse majeur. Ce point de vue traditionnel est défendu par Albert FEBURE-LONGERAY dans son étude «*Du système polytonal*». L'auteur y définit ainsi la polytonalité: «La polytonalité consiste expressément à superposer des accords ou des mélodies, appartenant respectivement et nettement, avec ou sans l'aide d'artifice, de notation ou d'écriture, à des tons différents» (189).

Febure-Longeray illustre son point de vue en superposant deux accords, appartenant aux tons éloignés de *Mi bémol majeur* et *La majeur* (ou *ré dièse majeur* et *La majeur*) (voir *EX. MUS. no. 32*). En décrivant *sol double dièse mineur*, car le *sol double dièse* est alors considéré comme appogiature inférieure de la quinte. En superposant *Mi bémol majeur* et *La mineur*, on obtient, selon cet auteur, rien de plus qu'une dominante de *La bémol mineur*, écrite enharmoniquement. L'accord de *11ème naturelle*, donné par les harmoniques, permet toutes sortes de renversements et superpositions de tons. De plus, on peut aussi faire entendre, en même temps que la note elle-même, ou son appogiature, ou son anticipation, ou bien encore une altération quelconque qui troublera l'harmonie entendue.

Ce qui frappe ie plus dans les écrits de ceux qui tentent d'expliquer la polytonalité par l'acoustique en faisant appel à la résonance naturelle, ce sont les escamotages et les manipulations enharmoniques auxquels ils sont obligés de se livrer. Ainsi, procède, selon nous, Jacques Chailley, lorsqu'il considère l'accord acoustique comme «la porte ouverte à la polytonalité (*Do-mi-sol- – sib - rébécarre, Fa dièse*) à peine modifié en -Do maj. – *fa dièse maj.*, dont Stravinsky en 1912 tire l'exemple de Petrouchka (190). Pour nous, cette altération du *Ré* est primordiale, et, disons le net, abusive, car elle change les données du problème, aussi bien celles du tableau des sons acoustiques qui lui servent de référence constante que celles de la polytonalité, car le *Ré bémol* (ou *Do dièse* ne font pas partie des tranches évoquées). Cela reviendrait à dire par exemple, que l'*accord parfait maj.* et l'*accord de quinte augmentée* sont presque équivalents, car il suffirait alors de «*modifier à peine*» la quinte. Pourtant, l'un est stable, l'autre est instable.

Quoi qu'il en soit, ce point de vue est très répandu et ne fait l'écho, du reste, qu'à celui, présenté en 1925 déjà par Boris de Schloezer dans la *Revue Musicale*: «Nous avons le droit de combiner des tonalités différentes parce qu'en somme, toute note peut être considérée comme enharmonique d'une autre qui sera sa fondamentale et que tous les sons se retrouvent théoriquement dans la gamme naturelle, c'est-à-dire formé des harmoniques d'un donné» (191).

On trouve une attitude semblable dans les explications de Paul Landormy, à propos de l'harmonie du *Chant de la pitié*. Pour Landormy, le début de ce chant, extrait des *Poèmes Juifs*, semble issue de la pédale supérieure des deux notes: *mi* sur le passage de l'accord *réb, fa, lab, do, mi,sol,* lequel appelle une résolution sur l'accord d'*ut majeur*. Mais alors, la polytonalité n'est ici qu'une apparence (...). On voit aisément comment, dans la plupart des cas, la polytonalité pourrait être ramenée par des voies analogues au principe de la tonalité unique» (192) (voir *EX. MUS. no. 33*). Ce point de vue analytique nous paraît très critiquable aussi, car Landormy escamote deux notes de l'exemple en les passant sous silence, le *ré dièse* (basse) et le *ré bécarre* (partie supérieure). Il nous paraît tout de même plus logique de s'en tenir aux explications de l'auteur lui-même qui voyait ici uniquement une superposition de *Do dièse majeur* et de *Do majeur*.

La deuxième interprétation analytique est celle d'Edmond COSTERE pour qui «la polytonalité pré-suppose la coexistence de plusieurs tonalités. C'est une notion très fluctuante car les exemples donnés peuvent s'analyser de différentes manières (193).

Ainsi, Costère estime que le petit canon de BACH, donné comme exemple par Milhaud dans son article «*Polytonalité et Atonalité*», et qui est obtenu par imitation exacte de la quinte, n'est pas véritablement polytonal en raison d'une harmonisation commune des deux parties. Il rejette, pour des raisons analogues, l'exemple tiré du *Rêve* de BRUNNAU (194) et cité par Charles KOECHLIN dans l'*Encyclopédie de la Musique*. Le point de vue de Costère s'explique surtout par rapport au célèbre passage des deux clarinettes de *Petrouchka*, jouant simultanément les accords de *Do majeur* et de *fa dièse majeur*.

Selon Costère, l'exemple de *Petrouchka* constitue un cas particulier de la polymodalité, en cantonnant séparément chaque partie dans un certain fragment du milieu sonore tonal, constitué par les sons suivants: *Do dièse, Ré dièse, Mi, Fa dièse, Sol bécarre, Sol dièse, La, La dièse.* Il s'agirait donc, selon Costère, d'une «juxtaposition de deux modes de cet échelonnement qui fini par se résoudre en *do dièse mineur*» (195).

Rappelons que l'on peut concevoir (dans une interprétation unitonale) cet accord comme «un accord de *9ème de dominante mineure (do-mi-sol-sib (– la dièse) - réb (– do dièse)* avec *fa dièse* comme appogiature du *sol* ou comme *11ème naturelle*» (196) ou encore, comme accord de *9ème de dominante* (majeur et mineur, en raison du *sol bécarre* et du *sol dièse*) sur *Fa dièse (majeur)* le *Do bécarre* étant une appogiature du *La dièse* (donc *Do – si dièse*) présenté en même temps que la note elle-même.

Signalons en passant, que le point de vue ramiste, exposé par FEVURE-LONGERAY dans son essai *«Du système polytonal»* est précisément celui adopté par Stravinsky qui renvoyait les mélomanes aux explications de Fevure-Longeray pour «voir clair comme le jour dans la question polytonale» (197).

Avouons que l'exemple de *Petrouchka* paraît mal choisi pour illustrer le problème polytonal, en raison de son ambiguité qui permet toutes sortes d'interprétations analytiques. Ainsi, Fevure-Longeray n'hésite-t-il pas à abandonner sa laborieuse explication ramiste du phénomène pour dire, à propos du passage de *Petrouchka*: «Quant à la phrase de *Petrouchka* que vous dédiez à mes méditations, elles procède - et d'ailleurs vous le savez très bien - d'une écriture de timbre et non de notes» (198). Ce point de vue analytique (association de timbres) est adopté aussi par Alexandre Tansman qui interprète de tels passages (fréquents aussi dans le *Sacre du Printemps*) comme le redoublement d'une ligne mélodique dans un autre ton, n'ayant pas d'autre objet «que d'altérer le timbre de celle-ci» (199).

La troisième conception analytique que Milhaud adopte partiellement dans ses écrits, repose sur une conception qu'on pourrait appeler «pre-harmonique». C'est le terme de polymélodie ou encore «polytonalité horizontale» qui convient le mieux pour désigner cette conception très ancienne de la polyphonie, dans laquelle chaque partie conserve une valeur mélodique individuelle déterminante. Cette conception s'oppose évidemment à celle selon laquelle la ligne mélodique des parties secondaires obéit plus à l'harmonie d'ensemble qu'à celui de son propre déroulement mélodique.

Selon Serge GUT, «La polytonalité horizontale est obtenue quand plusieurs lignes mélodiques appartenant à des tonalités différentes évoluent simultanément et indépendamment les unes des autres. Pour que chaque mélodie soit bien perçue, elle doit être simple, diatonique avec des contours marquant car avec des mélodies chromatiquement riches, on risque vite d'aboutir à une impression d'atonalité»(200).

C'est chez Darius Milhaud qu'on retrouve le plus fréquemment l'emploi de la polytonalité fondé sur la coexistence de mélodies multiples, appartenant à plusieurs tons différents. C'est pourquoi Colin MASON estime que le *5ème Quatuor* (1920) «est l'œuvre la plus rigoureuse sur le plan polytonal des œuvres de Milhaud, en raison de la multiplicité des tons au début» (201). On trouve, en effet, dans le 1er mouvement de ce quatuor, des mélodies superposées en *la majeur, ut majeur, si bémol* et *ré bémol majeur*, procédé que Milhaud reprend dans la «*Troisième Petite Symphonie*» (1921) où la partie de flûte est en *Si bémol*, celle de la clarinette en *fa*, celle du basson en *mi*, celle du violon en *Ut*, celle de l'alto en *si bémol* et celle du violoncelle en *Ré* (202).

LA NOTION DE POLYTONALITE CHEZ MILHAUD.

Darius MILHAUD s'est expliqué à plusieurs reprises sur sa conception de la polytonalité, et tout d'abord dans un petit article, paru en 1922 dans le *«Courrier Musical»* : «Autant de compositeurs, autant de polytonalités différentes : celle qu'emploie Albert Roussel dans sa symphonie *«Pour une fête de printemps (..)* qui commence par la superposition d'un accord de Ré dièse majeur et de La majeur» ne ressemble en rien à celle de Charles Koechlin dans son final sur les *Chansons* françaises par exemple où la polytonalité se développe en riches contrepoints d'accords» (203). Par la suite, Milhaud développe ses idéees sur ce problème, d'abord dans le fameux article «*Polytonalité et Atonalité*», paru dans *la Revue Musicale* de mars 1925, mais aussi dans ses *Etudes* (1927) et ses *Entretiens avec Claude Rostand* (1952). Dans les *Etudes*, il note d'abord, à propos de la musique des Noirs américains: «Dans celle-ci chaque instrument suit sa ligne propre et improvise en suivant la trame harmonique qui soutient le morceau écrit». C'est là un premier pas vers la polytonalité mélodique» (204).

La lecture du deuxième des quatre *Duettos pour orgue* de J. S. Bach orienta Milhaud vers la polytonalité, bien que cette œuvre de Bach n'ait rien de polytonal. Verticalement, les deux parties sont combinées de telle façon que chaque accord, résultant de ce contrepoint de deux parties, appartient à une tonalité unique. Mais évidemment, le fait que dans ce petit canon, «la partie supérieure paraissait très nettement en ré-mineur et la partie inférieure en la mineur» (...) intéressa prodigieusement Milhaud, d'autant plus que chez certains compositeurs tels que Koechlin et Stravinsky, il était fait usage d'accords contenant plusieurs tonalités (205).

A partir de cette observation de base, Milhaud tenta de dégager dans l'article déjà cité, les principaux procédés permettant l'emploi de la polytonalité harmonique et contrapunctique. C'est ici que Milhaud donne véritablement la clef de ses conceptions polytonales qui sont pour lui des moyens d'expression de première importance pendant les années 1920-1950.

Milhaud commence par dire qu'il n'y a aucune raison de ne pas considérer l'accord de *9ème de dominante* (DO-SOL-MI-SOL-SIB-RE) comme la superposition de deux accords: de l'accord de do majeur et de l'accord parfait mineur de sol mineur (EX. mus. no. 35). Ce procédé doit permettre de composer des mélodies appartenant respectivement aux tons d'*Ut majeur* et de *sol mineur*. A partir de cette prémisse, il étudie les différentes combinaisons possibles, en établissant d'abord un tableau où il note simultanément deux accords, en mettant toujours dans le grave l'accord parfait majeur de *Do*, et, dans l'aigu, les onze autres accords parfaits majeurs de la gamme chromatique (Voir EX. MUS. no. 35).

A partir de ces onze combinaisons harmoniques, Milhaud déduit encore quatre combinaisons de base en superposant aux deux versions diatoniques de l'accord parfait (majeur et mineur) les deux versions de l'accord noté dans la partie supérieure (soit *Do majeur -- Ré majeur*, ou *Do majeur -- ré mineur*, ou encore *Do mineur -- ré majeur* ou *do mineur -- ré mineur*). Autrement dit, ce procédé lui permet d'obtenir 44 superpositions différentes de deux accords. A ce tableau, Milhaud ajoute les renversements qu'on obtient pour chacune des différentes façons de superposer deux accords parfaits appartenant à deux tons différents (Voir EX. MUS. *no. 36* a et *36* b).

Par conséquent, Milhaud présente dans le grave les trois versions des accords majeur de *Do* et de *Ré*: accord parfait, accord de sixte et accord de quarte et sixte, soit six versions pour les versions majeures et 24 aspects pour les superpositions d'accords majeurs et mineurs. En mélangeant les trois tableaux, on obtient 11 x 24 – 264 combinaisons possibles qui résultent de l'application de ce procédé. Après avoir expliqué la superposition de deux accords, donc de la bitonalité, Milhaud applique le même principe à la superposition de 3 accords appartenant à des tons différents. Ce procédé donne 55 aggrégats combinant trois tons différents (206) (EX. MUS. no. 37, 38 et 39).

LA POLYTONALITE DANS LE PAUVRE MATELOT.

Chez le Milhaud des années 30, l'utilisation de la polytonalité sera en général à prédominance horizontale. Dans le *Pauvre Matelot*, par contre, la polytonalité à prédominance harmonique, donc verticale, fondée sur la superposition de plusieurs accords différents et que l'on rencontre surtout dans les *Choephores* et *Les Euménides*, entre en conflit avec la notion horizontale de la polytonalité, c'est-à-dire avec une sorte de «polymélodie élargie aux polytonalités multiples». A cet égard, le *Pauvre Matelot* est une œuvre intermédiaire, à mi-chemin de deux conceptions stylistiques.

Relevons d'abord les passages polytonaux qui nous renseigneront aussi sur le choix des tonalités superposées:

1) *mes. 35, p. 2 du P/C.* (EX. MUS. *no. 40*). Ici la structure harmonique paraît relativement simple, mais il y a constamment une ambiguïté créée par la superposition de *fa mineur* et de *do mineur* qui peut s'expliquer aussi par l'emploi simultané de la gamme de *fa mineur* ascendant et descendant.
2) Aux mesures 37/38 Milhaud superpose *La majeur* et *Do majeur*, c'est donc une supersposition à la tierce mineure.
3) *Mes. 70, p. 5 du P/C.* On a l'impression que Milhaud tente ici de «noyer le ton», par l'emploi simultané de plusieurs procédés, cachant le ton initial de la mélodie à résonance populaire, en *sol mineur* qu'il va harmoniser en *Si bémol majeur* à la main droite, et en *Sol majeur* à la main gauche. Mais cette bi-tonalité à la tierce mineure paraîtrait franche et sans ambiguïtés, si l'auteur n'avait pas compliqué l'harmonie par un *La bécarre* broderie de *Si bécarre* et une broderie du *Sol* par le *La bémol* de la basse (EX. MUS. *No. 41*).
4) *Mes. 86/87.* Opposition de *Ré bémol majeur* (quartes de la basse) et de *Do majeur* partie supérieure. Ici, nous avons une superposition à la seconde mineure. (EX. MUS. no. 43).
5) *A la page 18 duP/C (mes. 208)*, superposition de *FA dièse majeur* et de *Do majeur*, puis de *Sol majeur* et de *Do dièse majeur*, donc superposition à la quarte augmentée. C'est là un cas clair de franche bitonalité (EX. MUS. no.43).
6) *Mes. 249/50,* p. 23 du P/C, superposition de *fa dièse mineur* -- *La mineur* (mes. 249) (EX.MUS. no. 47)
7) *Mes. 342, p. 30 du P/C*, superposition de *ré mineur* et de *fa dièse majeur* (à la tierce majeure) (EX. MUS. no. 45).
8) *Mes. 418-427 p. 37 du P/C.* Ces quelques mesures du début du IIème acte sont intéressantes surtout par l'opposition de deux accords, ayant des mouvements mélodiques opposés mais qui obéissent au même principe. Dans le cas présent, ces mouvements opposées aboutissent par exemple aux mesures 419, 421, 426 et 428 à la superposition de *ré mineur* (maj.) et de *Do majeur.* C'est là une conception mixte polymélodique et polyharmonique (EX. MUS. No 46).
9) *Mes. 450, p. 39.* Ici on relève un autre procédé qui consiste, d'une part, dans la répétition d'une formule rythmique simple (une succession de 8 croches) et, d'autre part, dans la présentation d'une deuxième figure (les basses) qui s'oppose au premier élément. Et c'est précisément cet élément qui va introduire à la mesure 450 l'élément polytonal, élément rythmiquement différent (3--3--2) qui est ici responsable de la super-

position de *La bémol majeur* (les basses) et de *Do majeur* (EX. MUS. no. 47). Il faut bien noter que cet élément perturbateur indépendant (ici les basses) n'est pas forcément en rapport harmonique avec la tonalité des parties supérieures. C'est parce qu'elle suit sa démarche propre sans se préoccuper des éléments mélodiques supérieurs (éléments qui auront parfois conservé le même ton) que la basse va se séparer totalement de ses éléments sur le plan tonal. La basse, plus rythmique, voire dynamique, aura donc rejoint entre temps d'autres tonalités. Il s'agit là d'une conception que l'on trouve ailleurs, par exemple celui relevé par Georges FAVRE à propos des superpositions polytonales dans le *catalogue des fleurs* no. IV, *Jacinthes*, composé en 1920 (207). (EX. MUS. no. 48). Milhaud lui-même y fait allusion lorsqu'il cite un exemple analogue de *Parade* de SATIE qui rejette l'explication de bitonalité:

> «Il est nécessaire de remarquer que quelquefois on croit se trouver en présence de tons indépendants alors que l'un d'eux ne fait que jouer le rôle de pédale. De même qu'en harmonie une pédale peut supposer le passage de de bien des accords étrangers à la note tenue, de même un accord ou un mouvement mélodique qui se répète peut être gardé comme pédale tandis que la ligne mélodique peut passer momentanément dans un autre ton et moduler à sa guise, formant ainsi une espèce d'échappée prolongée, sans créer de tonalité pour cela» (208).

Milhaud a sans doute pris conscience des énormes possibilités qu'offre la superposition de trois accords appartenant à trois tons différents. On est d'autant plus étonné de ne trouver dans *«Le Pauvre Matelot»* qu'un seul exemple où une telle superposition ternaire apparaît nettement, c'est-à-dire à la mesure 679 (P/C p. 61) où il superpose *Do majeur, Fa dièse majeur* et *Sol majeur* (la mélodie) (EX. MUS. no. 39). A l'exception de certaines œuvres systématiquement polytonales comme les *Choéphores* ou les *Euménides*, l'emploi de la polytonalité harmonique est assez rare dans l'œuvre de Milhaud.

Le procédé de simultanéité d'idée mélodiques différentes, appartenant à divers tons, amènera Milhaud à superposer à la mesure 452 (P/C p. 39) un accord de *ré mineur* dans le grave et un cluster de *sol majeur* dans l'aigu.

En résumé, on peut dire que Milhaud fait un usage modéré de la polytonalité dans le *Pauvre Matelot*. Elle est employée surtout sous l'aspect bitonal. La véritable polytonalité (à trois tons ou plus) est quasi absente en dehors de l'exemple cité. Souvent, nous sommes en présence d'un procédé d'harmonisation polytonale hybride, car, d'une part, il y a affirmation statique d'une tonalité donnée, affirmation résultant des accords qui sont conservés dans le même ton, et, d'autre part, on trouve un mouvement dynamique de l'élément harmonique opposé, celui qui parcourt plusieurs tons et qui tend à l'aggrandissement du continuum sonore du ton initial.

Tout ceci montre que la polytonalité harmonique n'est pas vraiment employée avec vigueur comme procédé d'écriture. Elle se manifestera par la suite, comme remarque J. VIRET «comme la conséquence naturelle d'une totale liberté d'agencement dans la simultanéité, liberté pouvant se faire jour tout aussi bien au sein d'une tonalité unique» (209). Nous sommes donc amenés à constater à nouveau que la mise en scène des chants populaires des années 1820-1850 selon le procédé du collage, crée une situation esthétique de conflit avec les procédés compositionnels de Milhaud. La synthèse entre la syntaxe harmonique du folklore du XIXème siècle et celle de la première moitié du XXème siècle ne va pas toujours sans risque.

CHAPITRE XI

A PROPOS DES DEUX ORCHESTRATIONS DU PAUVRE MATELOT

Darius Milhaud a composé deux versions différentes du *Pauvre Matelot*: une première version en 1926 pour grand orchestre et une deuxième version pour petit orchestre de 13 solistes en 1934. La première version de 1926 correspond à la réduction piano et chant avec le Copyright de 1927 au bas de la première page de la partition piano et chant. C'est cette version qui fut créée le 16 décembre 1927 à l'Opéra-Comique. La deuxième version fut écrite pour le chef d'orchestre Hermann Scherchen qui désirait la monter en tournée avec l'*Histoire du Soldat* de Stravinsky. La première exécution de cette version eut lieu le 15 novembre 1934 à Genève, dans une mise en scène de Jean Cocteau (209).

La première version est écrite pour un orchestre ayant l'affectif suivant: 2 flûtes, 2 hautbois, 3 clarinettes (dont une petite clarinette en *Mib*, une clarinette en *Sib* et une clarinette basse en *sib*), 2 bassons, un contrebasson, 2 cors en *Fa*, 3 trompettes en *Ut*, trombone, harpe, timbales, batterie et orchestre à cordes, avec en plus, les quatre solistes chanteurs. Remarquons, tout d'abord l'originalité de cet effectif qui n'est pas celui de l'orchestre classique, puisque nous avons un seul trombone, opposé aux 3 trompettes et aux deux cors, et l'effectif des bois de 2233. Quant à la percussion, elle est assez réduite puisque l'auteur ne prescrit que les instruments suivants: timbales, grosse caisse, caisse claire, cymbales, triangle, caisse roulante, Tam-tam et tambour de basque. Cette percussion réduite sera d'ailleurs confiée à un seul instrumentiste pour percussion et timbales dans la version de 1934.

La deuxième version pour 13 solistes comporte uniquement des bois et des cuivres par une batterie et un quintette à cordes. Autrement dit, Milhaud y a supprimé une flûte, un hautbois, la petite clarinette et la clarinette basse, un basson, le contrebasson, un cor, deux trompettes et la harpe. Le musique elle-même n'est pas changée, abstraction faite de quelques modifications de tessiture, résultant de l'emploi du basson qui remplace le contrebasson, par exemple à la fin du IIème acte. Lorsqu'on examine ce passage (P/C p. 58) (mes. 637-645), on note qu'il est écrit à l'octave inférieure du basson aux pages 83/4 de la partition d'orchestre de 1934. Cette différence provient de la tessiture des deux instruments employés, basson et contrebasson.

Les critiques ne furent pas tendres pour l'orchestration de 1926. Ainsi, Henri PRUNIERES constate que «par moments l'orchestre couvrait complètement les voix», ce qu'il attribuait au fait que «les voix se mouvaient surtout dans le médium, c'est-à-dire dans un registre qui chez la plupart des chanteurs est assez sourd (210). Même Roland Manuel, plutôt enthousiaste dans l'ensemble, regrettait «que la ligne de chant ne respectât pas assez les tessitures» (211). Milhaud, lui-même, jugeait sévèrement la manière dont l'orchestre avait exécuté sa partition à l'Opéra-Comique: «Le résultat fut catastrophique. Le public, mes amis qui ne connaissaient pas mon œuvre me rendirent naturellement responsable de cette cacophonie dont ils ne pouvaient soupçonner la cause. Et comme, à Bruxelles, le *Pauvre Matelot* jouit d'une excellente mise au point, un de mes amis, compositeur, qui avait assisté à la première, à Paris, me demanda avec candeur si j'avais réorchestré ma partition pour la Monnaie» (212).

On peut se demander pourquoi la nouvelle version de 1934 est précisément orchestrée pour 13 musiciens, puisque Scherchen désirait la monter avec l'*Histoire du Soldat* qui comprend un effectif très inférieur à celui de l'œuvre de Milhaud. Il s'agit là tout simplement du même effectif que celui des *Malheurs d'Orphée* qui emploie également treize musiciens. Sans doute, le compositeur espérait-il que les deux ouvrages seraient donnés plus tard en tandem.

Première conséquence de cette réduction à un orchestre plus petit: Milhaud renonce à un certain nombre de doublures, encore très fréquentes dans la version de 1926. D'autre part, certains passages du début de l'œuvre, joués d'abord alternativement par les premiers et les seconds violons, sont donnés aux deux instruments à l'unisson dans la version de 1934, le quintette à cordes ayant une sonorité plus faible que le reste des bois et des cuivres. Autrement dit, Milhaud ne se contente pas seulement de supprimer des instruments, mais il modifie encore certains passages pour des raisons d'équilibre dynamique.

L'histoire de la musique nous montre un certain nombre d'exemples d'auteurs qui ont écrit deux ou parfois même trois versions orchestrales d'une même œuvre. Prenons le cas de *Petrouchka*, dont on connaît deux versions très différentes sur le plan de l'orchestration: une première version de 1910/11 et une seconde version de 1945/6. Comment se distinguent entre elles ces deux versions? Dans la première, le rôle des cordes, exécutant quantité de figures accentuant le côté fondu, quasi impressionniste de l'orchestre, est minimisé au profit des bois et des cuivres, au timbre plus mordant, plus incisif. La deuxième orchestration de 1946 donne à l'écoute une impression beaucoup plus sèche, réaliste que la première dont on perçoit surtout le caractère féérique. Rappelons que chez Stravinsky, l'orchestration joue un rôle important sur le plan esthétique, puisqu'elle contribue à mettre en évidence les procédés de caractérisation des situations dramatiques ou des personnages. Ainsi, le timbre remplace souvent les procédés classiques du figuralisme musical. On trouve une conception analogue chez Richard Strauss et chez Richard Wagner.

Chez Milhaud, rien de tel. Chez lui, il n'y a pas véritablement de différences d'ordre esthétique entre les deux orchestrations de 1926 et 1934. La seconde version se distingue de la première surtout par une plus grande simplification, par une plus grande concision dans l'expression. Milhaud y recherche avant tout l'économie des moyens.

On se pose donc la question suivante: Quel rôle joue l'orchestration de 1934 par rapport à la ligne de chant ou encore par rapport à la conception harmonique, parfois polytonale, de Milhaud? On a souvent dit que l'orchestration joue un rôle chez Milhaud qui va au delà du rôle habituel, celui de la coloration de tel ou tel motif. Pourtant, selon Paul Collaer, «l'orchestre s'abstient de tout commentaire symphonique: il se contente d'accompagner la complainte» (213).

Autre problème: il y a souvent remplacement d'un instrument par un autre. Ce procédé entraîne la modification de l'orchestration de tout un passage. Ainsi, dans la version de 1926 les quatre mesures après la mes. 43 (p. 8). étaient orchestrées de la manière suivante: Le hautbois jouait le thème principal, tandis que l'accompagnement harmonique était exécuté par deux flûtes (en tierces parallèles) les 2èmes violons, les altos et les violoncelles (EX. MUS. no. 49). Dans la version de 1934 (voir p. 6) le thème passe à la flûte, tandis que les tierces parallèles passsent aux deux violons. Les accords dans le grave sont alors distribués différemment entre les altos, le violoncelle et la contrebasse. Seule la partie d'alto reste inchangée.

Cet exemple démontre que l'instrumentation de 1934 est conçue de manière très différente de la première version et que peu de choses en subsistent sur le plan de l'orchestration. Du reste, nous savons, pour l'avoir entendu dire lui-même, que Darius Milhaud préférait de loin la seconde version à la première (214).

Dans ses *Entretiens*, Milhaud explique cette préférence, disant «qu'il admire profondément ce qu'il y a de pur dans l'orchestre de solistes. J'aime son côté aigu, l'absence de doublures. J'ai repris la tradition de l'opéra de chambre de 13 à 15 instruments, sonorité que j'aime énormément, par goût. Ainsi, j'ai deux orchestrations du *Pauvre Matelot*, une avec orchestre normal, l'autre avec 13 instruments» (215).

Bien entendu, il ne faudra pas prendre cette affirmation au pied de la lettre. Si Milhaud parle d'absence de doublure, cela signifie surtout qu'elles sont assez rares dans l'œuvre, mais non pas totalement absentes.

Examinons maintenant ce problème des doublures du chant par l'orchestre dans la version de 1934. Quel procédé Milhaud emploie-t-il de préférence? Celui de Puccini chez qui les chants sont souvent soulignés par tout l'orchestre, procédé permettant d'augmenter l'intensité de l'expression, ou encore celui de Debussy, notamment dans *Pelléas et Mélisande* où la voix s'articule surtout selon la formule du parlando chanté?

Dans cette seconde version du *Pauvre Matelot*, on trouve parfois l'application des deux procédés, encore que les doublures du chant soient assez rares. Dans les partitions du XIXème siècle - par exemple dans *Carmen* - les voix de femmes sont souvent doublées par le violon, les altos, la clarinette ou le hautbois, tandis que les voix d'hommes sont doublées soit par des violons à l'octave supérieure, ou encore par les altos, les violoncelles, les bassons, les cors ou les clarinettes. Les doublures de lignes mélodiques chantées par l'orchestre sont donc d'un usage courant dans la musique, car la doublure permet de rehausser la sonorité, d'accuser davantage l'expression, mais procure aussi un soutien non négligeable au chanteur.

Relevons maintenant quelques doublures du chant dans la partition d'orchestre (version 1934).

A la page 7, la voix de baryton de l'ami est doublée par le hautbois, à la page 9 (mes. 70) la voix de soprano est doublée par le 1er violon. A la page 15 on constate une doublure de la voix de soprano par la clarinette, mais pendant quelques mesures seulement. A la page 20, on notera une doublure curieuse du Soprano par les cuivres (d'abord par le cor et le trombone, mes. 156, puis par la trompette, mes. 158). Etant donné le registre de la voix à cet endroit, les cuivres devront jouer ici aussi pianissimo que possible, sinon la voix risque d'être couverte. A la page 65, le soprano est doublé à nouveau par la clarinette et, à la page 66, par le violon I.

En un mot, les doublures suivies de la partie vocale par un instrument sont assez rares dans cette partition. Mais la relation entre le chant et l'orchestre s'exprime encore d'une autre façon chez Milhaud, notamment à travers les formules d'accompagnement orchestral, utilisées dans le *Pauvre Matelot*. Il existe évidemment quantité de procédés pour l'accompagnement orchestral. Enumérons-en quelques uns: les tenues, les notes répétées, le trémolo, les pizzicati, les arpèges, batteries, trilles, trémolo, mélange de bois et de cordes, accompagnement fourni par les bois ou les cordes seuls, etc.

Dans toute la partition, on ne trouve pas un seul exemple de trémolo aux cordes que Milhaud a en horreur. Par contre, on note aux pages 65-67 de la P.O. des notes répétées au premier et second violons. Les trilles sont plus fréquemment employés.

Ainsi, tout le morceau no. 21 (aux pages 101-104 de la P.O.) comporte un trille de clarinette qui dure 26 mesures. A la page 98, on note des batteries de cordes et de flûtes.

Malgré ces remarques, il faut bien admettre que l'orchestration de Milhaud est subtilement dosé. D'une manière générale, Milhaud évite les doublures trop longues. Ce qui lui importe, c'est la doublure par touches intermittentes. Certains passages ne comportent aucune doublure. Ainsi, le *morceau no. 18* «Avec le marteau, j'ai frappé» (p. 91 de la P.O.) est souligné par des formules d'accompagnement simples, sans la moindre doublure du chant populaire. Ce n'est qu'à partir de la mesure 712 (p. 93) que le chant est doublé par le hautbois. Cette doublure résulte de la balance dynamique provenant du contrechant de *Valparaiso*, exécuté par le cor qui s'oppose ici au motif «Adieu, cher camarade». Milhaud évite les doublures trop intenses, à la distance de trois octaves par exemple. On remarque une pudeur constante dans l'expression des sentiments chez Milhaud. Ce qui prime, c'est la sobriété, l'absence de tout développement symphonique et, par conséquent aussi, l'absence d'une symbolisation véritable de la situation dramatique grâce aux timbres, telle qu'on la trouve chez Wagner ou chez Berlioz.

De quelle façon le point de vue orchestral s'exprime-t-il, en fin de compte, dans cette œuvre? On relève la mise en œuvre des procédés suivants:
1) *Le travail d'isolement des timbres* instrumentaux est un élément essentiel, même si les bois, cuivres et cordes se retrouvent souvent ensemble en raison de l'effectif réduit, nécessitant plus fréquemment une écriture de tutti que dans une partition à effectif normal. Les cordes ont souvent un rôle accompagnateur, et s'opposent aux bois et aux cuivres, mais on les trouve également seuls (par exemple p. 12, mes. 94) dans ces passages particulièrement doux. Le rôle thématique s'étend néanmoins à tous les instruments, même aux cuivres exposant des thèmes et donc fortement individualisés.

Ajoutons, en passant, que le désir de traiter l'orchestre comme un ensemble de solistes s'exprime, à partir de 1900, un grand nombre d'œuvres symphoniques débutant par un solo d'instrument, par exemple *Effet de Nuit* de Lazzari (1904), solo de clarinette basse, soutenue par des contrebasses, *Istar* (1896) de d'INDY (cor bouché) *Etude pour le Palais hanté* (1904) de Fl. Schmitt (clarinette).

2) *L'opposition par groupes d'instruments* de catégories différentes:

a) Les éléments thématiques sont de préférence confiés aux bois tandis que l'accompagnement est confié aux cordes. Voici quelques exemples: p. 1 (P.O.) bois – trompette interprétant la thématique, opposés aux cordes (accents); *p. 40, mes. 307*, les bois donnent le thème, les cordes des accords, tandis que les cuivres jouent des accents sur le 3ème temps. On retrouve le même procédé à la page 96 (P.O.).

b) *Les groupes d'instruments interviennent alternativement.* Ainsi, p. 5 mes. 25, bois et cordes jouent alternativement le thème, même procédé à la mes. 458, p. 61 - cordes, bois-cordes, seule la caisse roulante ne participe pas au procédé. On a donc là l'effet de contraste, chaque passage reste cantonné dans sa catégorie.

3) *Mélange de timbres.*

L'individualisation des timbres prévaut dans cette partition. Mais on trouve un certain nombre de mélanges de timbres que nous allons passer en revue. Le même motif est ainsi donné à des instruments de catégories différentes, ce qui correspond au principe classique des doublures. Mais les doublures restent toujours fragmentaires et l'auteur diversifie le procédé par une sorte d'éparpillement constant. Relevons quelques uns des mélanges qui semblent l'intéresser le plus.

La flûte est doublée en général par le 1er violon, soit en *arco* (mes. 121, 137, 174 et 180) soit en *pizzicato* (mes. 65, 150). Relevons aussi une doublure de la flûte par la trompette, au début de l'œuvre.

Le hautbois, instrument en général pastoral et intime, aux nuances quasi érotiques, est doublé tantôt par la flûte (à l'octave p. 2, P.O., p. 42 P.O.), tantôt par le 1er violon à l'octave (p. 24, 34, 45).

La clarinette est unie à trois instruments: à la flûte (mes. 137, unisson), au violon (mes. 177 unisson) et à l'alto (p. 37, mes. 283).

Le basson double tantôt la contrebasse (p. 20, mes. 154, p. 54 mes. 411) rarement le violoncelle (mes. 162, p. 21). Quant aux *cuivres*, relevons quelques doublures du cor par le trombone à l'octave inférieur (p. 20, mes. 256) ou encore le cor doublé par l'alto (p. 21, mes. 162), puis des doublures de la trompette en sourdine par les pizzicati du violon (p. 7, mes. 77, p. 13, mes. 98), procédé classique.

Etant donné qu'il s'agit d'un quintette de solistes, il n'y a évidemment pas de division des cordes. Mais, parfois la richesse des aggrégats oblige le compositeur à une écriture de doubles, voire de triples ou quadruples cordes. Dans certains cas, les cordes se contentent de marquer le rythme. Aucune ligne instrumentale ne fait figure de remplissage, chaque instrument est absolument indispensable. Remarquons encore que la contrebasse est rarement à l'unisson avec le violoncelle, mais qu'elle remplit une fonction rythmique, harmonique, parfois mélodique importante.

Relevons encore un dernier exemple des procédés orchestraux de Milhaud, c'est-à-dire le procédé des accents rythmiques. Il s'agit ici d'un moyen fréquemment employé par les compositeurs lorsqu'ils veulent donner l'impression de *fortissimo*, sans pour autant couvrir les voix. On retrouve ce procédé à la page 33/34 de la P.O., au début de l'air «Notre rue est toute petite».

Voyons maintenant le problème des rapports entre l'harmonie polytonale et l'orchestration. Il y a différentes manières d'orchestrer un accord bitonal, par exemple *Sol majeur* et *do dièse majeur* (mes. 216 de la P.O.) selon qu'on recherche la fusion des timbres, par homogénéisation des groupes, ou encore par l'opposition de groupes d'instruments afin de donner tel accord à une catégorie d'instruments et un autre accord à une autre catégorie, en les séparant nettement (ex. 59).

On peut donc distribuer un accord entre plusieurs instruments au timbre semblable, par exemple en le donnant aux groupes des cordes. C'est ce procédé qu'on trouve employé à la mesure 208 p. 27 de la P.O. version de 1934. Les six notes de l'accord constituent alors un mélange assez homogène, perçu comme un tout. Il y a ici fusion de timbres.

Deuxième possibilité: On fera exécuter l'accord de *sol majeur* par le groupe des cordes et l'accord de *do dièse majeur* par le groupe des bois par exemple (ou inversement). En raison de l'élément spatial (distance physique entre les deux groupes d'instruments, placés sur la scène ou dans la fosse d'orchestre) les deux accords seront plus facilement perçus comme deux entités distinctes et l'orchestration accentuera le caractère bitonal. C'est la disposition écartée, par opposition de groupes.

Troisième possibilité: On peut distribuer les six notes entre trois groupes d'instruments différents (cordes, bois, cuivres) ou encore, lorsqu'on ne conserve que deux groupes, on peut distribuer l'accord de telle sorte que chaque groupe joue les notes des deux accords (par des doublures par exemple). C'est l'orchestration habituelle (par doublures) et l'effet obtenu est celui du premier exemple (fusion, bitonalité entremêlée, mélange de complexes sonores).

Maintenant la question se pose de savoir lequel de ces procédés, Milhaud a employé dans les deux versions du *Pauvre Matelot*. Regardons la mesure 216 (P.O. p. 28, version 1934 P/C p. 19). Nous avons là une superposition des accords parfaits de *sol bémol majeur* et *do majeur* au premier temps, puis, au 2ème temps, une superposition des accords de *sol majeur* et *do dièse majeur*.

La réponse est sans ambiguïté: Milhaud a employé la deuxième solution, c'est-à-dire la disposition écartée, par opposition de groupes. Ainsi, les cordes jouent successivement l'accord de *Sol bémol majeur* et de *sol majeur* dans le grave, tandis que la trompette et la flûte jouent le motif en *Do majeur*, puis en *do dièse majeur*. L'orchestration par groupes d'instruments prévaut donc ici.

Prenons maintenant la même mesure, page 42 de la version de 1926. (Voir EX. MUS. no. 51). Ici, clarinette basse, bassons et contrebasse, jouent les accords de *sol bémols majeur* et de *sol majeur* dans le grave, tandis que les deux trompettes en sourdine exécutent la figure mélodique en *Do* et *do dièse majeur*. Autrement dit, seuls les instruments à vent se voient attribuer ce passage bitonal (la contrebasse ne fait que doubler à l'octave basse l'un des deux bassons). Cette instrumentation, basée sur la doublure et l'emploi d'un seul groupe d'instruments (vents) devait accentuer le caractère fondu, presque pâteux du passage (cf. note 66). Au contraire, dans la version de 1934, la bi-tonalité est bien mieux perçu que dans celle de 1926.

Reste maintenant à examiner un dernier aspect, celui du rôle de l'orchestration sur la plan esthétique. Bien que l'orchestre se cantonne surtout dans le rôle d'accompagnateur et que nous ne trouvions pas de développements symphoniques dans cette œuvre, ce rôle existe néanmoins, mais d'une façon assez particulière. Elle relève de «l'esthétique de prolongement» chère à Milhaud. La scène de l'assassinat peut nous éclairer sur cet aspect. Paul Collaer nous livre dans son ouvrage sur Darius Milhaud une interprétation intéressante que nous allons citer, bien que nous ne soyions pas d'accord avec lui pour des raisons que nous allons expliquer.

«Au moment du meurtre», dit Collaer, «alors aue tout dort, éclate à l'orchestre un bruit de tous les diables. Tous les cors scintillent comme en une hallucination. On est étourdi par toutes les rengaines qui vous assaillent à la fois. N'est-ce pas la femme qui voit 36 chandelles au moment de frapper. Elle est comme hypnotisée par l'esprit des bars, elle ne peut ne pas tuer. Et à la fin du drame, personne, sauf le public, ne sait que le matelot a été tué par sa femme. Celle-ci, frémissante d'amour, ouvre déjà les bras à l'époux qu'elle sent proche» (216).

Que faut-il penser de cette interprétation? Regardons la partition, version de 1934. Après le bruit du marteau qui retombe, la musique débute par un passage de 8 mesures, l'un des rares passages vraiment naturalistes, basé sur son excès de réalisme, sur une notion quasi simpliste du figuralisme musical. A cet endroit, l'orchestre imite et prolonge le bruit du marteau qui tombe par terre et qui ne finit pas de tomber et de retomber comme s'il tombait dans un escalier. Faisons une petite expérience banale. Laissons tomber un marteau par terre. Sur le plancher, notre marteau fera un bruit très caractéristique: Ba-da-bam deux bruits brefs, un troisième plus appuyé. Il ne fera pas un seul bruit, mais bien plusieurs en raison de la tige de bois qui frappera plusieurs fois le plancher. Et la musique débute justement avec ce rythme ba-da-dam. Deux doubles croches, plus une croche, exécutées par les timbales, le basson et la contrebasse pizzicato.Dans la première version de 1926, cet élément réaliste était encore plus accentué.

Dans cette version de 1926, le bruit du marteau qui tombe est fourni par les timbales et la grosse caisse, la clarinette basse et les 8 contrebasses. Les coups de grosse caisse accentuent évidemment le caractère bruitiste du passage. On relève ainsi 8 fois la cellule rythmique de la timbale, 8 coups de grosse caisse et 8 fois la cellule binaire, donnée par la clarinette basse (ou le basson, selon la version choisie). On peut penser que c'est là un marteau qui n'en finit pas de tomber et de retomber.....! 8 fois ! C'est une chute en cascade.

Nous estimons qu'il s'agit là d'un nouvel emploi du procéde esthétique du prolongement musical d'une action dramatique. Ce n'est plus le bruit réaliste d'un marteau qui tombe qu'exprime ce passage, mais l'écho de ce bruit qui se prolonge, qui se fige dans le temps... Cette impression sonore est presente sur la scène comme une sorte d'hallucination auditive. La femme est comme hallucinée par le bruit du marteau. Faire du tintamarre serait ici vraiment banal. Ni Cocteau ni Milhaud ne recourrent à de tels procédés simplistes. La partition de 1934 indique d'ailleurs expressément la nuance *piano* à cet endroit et non pas *fortissimo*, tandis que dans celle de 1926 on trouve au même endroit *mezzo-forte* à la clarinette basse et *mp* aux timbales. Mais Milhaud devait sans doute estimer cette intensité *mf* encore trop *forte*. C'est pourquoi il l'a transformée en piano. Lors des représentations à l'Opéra-Comique ou à Bruxelles (auxquelles semble se référer M. Collaer) il est probable que l'on confondait les bruits de marteau avec des coups de canons, un tintamarre de tous les diables. Mais, ce qui importe vraiment dans ce passage, ce ne sont pas les coups de marteau, mais l'hallucination auditive qu'ils engendrent faisant naître la confusion avec des battements de coeur... Par la suite, cette cellule rythmique servira de formule d'accompagnement au cor qui interprète la chanson d'adieu du marin (mes. 654-665) suivie d'une transition de trois mesures pendant laquelle se prolonge l'écho des coups de marteau.

EN GUISE D'EPILOGUE

LE PAUVRE MATELOT ET LE REALISME ESTHETIQUE

Le moment est maintenant venu de conclure. Par la richesse et la variété de ses éléments, par la logique qu'elle représente dans sa conception générale et dans ses développements, la partition du *Pauvre Matelot* offre à l'étude un vaste champ d'observations. On a dit parfois que Milhaud faisait fi, dans cet ouvrage, du vocabulaire et des procédés traditionnels du théâtre lyrique afin de cerner son sujet avec l'efficacité et le lyrisme de l'art populaire. Pour ce faire, Milhaud aurait donc composé une musique totalement imprégnée de la veine mélodique et du goût des vieilles chansons populaires.

Il est bien évident qu'il n'était pas indifférent de savoir si Milhaud avait effectivement construit toute la pièce sur des chansons populaires françaises, ou s'il avait composé des airs entièrement nouveaux quoique dans la veine mélodique du folklore. En effet, l'étude de la forme musicale, des procédés compositionnels, notamment ceux de la transformation et du développement mélodique, l'esthétique même diffèrent selon qu'on adopte l'un ou l'autre point de vue.

L'application de la méthode d'analyse métrotectonique à la forme du *Pauvre Matelot*, a permis d'établir en premier lieu que la plupart des phrases mélodiques de cette œuvre avaient une carrure formelle bien trop régulière pour pouvoir résulter uniquement de la prosodie de Cocteau. Une telle régularité métrique est rarissime, voire quasi absente dans la musique du XXème siècle (exception faite celle de Scriabine) La régularité de la carrure devait donc avoir des raisons particulières. Nos soupçons se sont ainsi portés sur l'éventualité d'un emprunt au folklore où la régularité de la carrure est souvent la règle, notamment à certains moment historiques délimités. Ces recherches ont finalement permis d'établir qu'il s'agissait effectivement de citations de chansons de marins dont nous avons pu identifier un certain nombre, notamment celles employés au IIIème acte.

Rappelons en passant que les emprunts au folklore marin dans le *Pauvre Matelot* furent ici identifiés pour la première fois avec précision. Ces emprunts sont notamment les chants «Hardi les gars», «Adieu, cher camarade», «Sur le pont de Morlaix» et «Passant par Paris, vidant ma bouteille». Cet échantillonnage, couvrant la quasi totalité de la matière mélodique du 3ème acte, nous a paru suffisant pour montrer la façon dont Milhaud emploie la chanson populaire dans cette œuvre. L'étude des éléments mélodiques, intervenant dans le 3ème acte, fut ainsi grandement facilitée. Nous avons de cette manière pu comparer la version populaire avec les différentes variantes de Milhaud, composées à partir de ces chansons.

Le problème qui se posait sur le plan formel, peut être formulé ainsi: De quelle manière Milhaud a-t-il adapté le mélodisme populaire et les procédés de la complainte, pour arriver à les intégrer dans la forme du drame lyrique? Cette adaptation subissant évidemment certaines contraintes résultant de la présence d'un texte littéraire indépendant, dû à Cocteau et qui reposait sur des exigences dramatiques foncièrement différentes de celles des chansons. Bref, il s'agissait du problème si difficile de la superposition, du parallélisme de deux discours opposés: le discours parlé et le discours musical. Evidemment, tout auteur d'un ouvrage lyrique se voit confronté à cette difficulté. Cependant, les solutions apportées diffèrent selon les auteurs et de leurs procédés compositionnels.

Nous avons vu ainsi comment Milhaud emploie avec maîtrise la chanson populaire, tout en transformant ses rythmes, quelques intervalles parfois ou encore en répétant des fragments. D'une manière générale, la matière sonore du folklore lui sert d'abord pour la ligne de chant (à l'exception de quelques passages, traités en récitatif), ce qui ressemble beaucoup au procédé de la contrafacture ayant servie à la constitution du répertoire luthérien. Il évite ainsi qu'on se lasse du dialogue continuel. On pourrait donc qualifier ce procédé d'amalgame du récitatif mélodique avec la chanson populaire.

La juxtaposition des deux chansons «Valparaiso» et «Adieu, cher camarade», choisies par Milhaud pour le *3ème acte*, s'impose d'autant plus qu'elle est la résultante d'une intention délibérée.

Ce n'est certes pas par hasard, pensons-nous, que Milhaud a choisi de mettre au premier plan «Valparaiso», avec ses appels significatifs de «Good bye, fare well» qui n'est qu'une sorte de pendant à «Adieu, cher camarade». De par sa structure mélodique, sa présence n'enlève rien aux chansons suivantes. Par la continuité du ton et du style, la contradiction interne entre le texte de Cocteau et le chant populaire, le mélange d'impuissance et d'espoir dérisoire, l'ensemble forme un moment d'une très grande force dramatique. Il s'agit donc là d'un passage essentiel qui dépasse largement la simple mise en œuvre du principe du «collage». En effet, ce passage nous paraît particulièrement représentatif de «l'esthétique du prolongement», d'une situation dramatique.

Si Milhaud a bien fait quelques emprunts au folklore, nous pensons qu'il en est de même de Cocteau. L'analyse structurale du livret du *Pauvre Matelot* démontre que le texte, au lieu de correspondre structurellement au «fait divers roumain», possède des points de rencontre et des ressemblances bien plus nombreux avec la «Complainte du Retour Funeste», puisque certains éléments, présents dans le livret et dans la complainte, sont totalement absents du «faits divers».

La question qui se posait alors était de savoir pourquoi Cocteau avait employé de façon quasi exclusive, le procédé du dialogue parlé. Etait-ce pour «peindre plus vrai que le vrai» (217) ou s'agissait-il plutôt d'un retour au procédé formel employé en général dans les complaintes?

C'est un argument supplémentaire à notre thèse de l'influence probable de le complainte du «Retour Funeste» sur la genèse du livret de Cocteau. On constate, dit Rossat «que la forme narrative est rarement employée dans les complaintes. Le récit est réduit à sa plus simple expression et se borne à l'exposé succinct et indispensable des faits pour donner une importance et un rôle considérables au dialogue entre les divers personnages» (218). Bref, le type formel de la complainte est basé avant tout sur le dialogue, tout comme l'est celui du *Pauvre Matelot*.

Le livret de Jean Cocteau est aussi le fruit d'une ambivalence qu'il est bon de souligner. On pourrait la désigner par «aliénation d'une complainte au travers d'un fonctionnement psychologique détourné». Il convient donc de distinguer dans le *Pauvre Matelot* ce qui appartient au milieu social de la complainte de ce qui provient de la psychologie du poète.

On s'aperçoit alors que sous le réalisme désenchanté de Cocteau et la peinture désabusée du milieu social des petits commerçants, tenanciers d'un bar en faillite, se cache un poète qui témoigne d'un très profond malaise. Il s'y cache un poète qui ne s'est jamais épuré de ses fantasmes juvéniles et de ses traumatismes freudiens.

Son manque de recul vis-à-vis de lui-même apparaît ainsi à travers le meurtre du matelot, enrobé par tous les alibis (fatalité, pauvreté) qui semblent le justifier. Le «crime contre nature» (l'assassinat d'un enfant par sa mère cruelle) qui constitue, avec la fatalité, un aspect essentiel de la complainte du «Retour funeste», est escamoté par Cocteau, car pour lui «la vérité est trop crue, elle n'excite pas les hommes» (219). On voit apparaître ainsi une peinture du milieu social, voire de l'esprit du temps qui réside plus dans les attitudes des personnages, dans leurs déguisements, leurs rêves que dans celle d'une peinture objective de la réalité sociale des années vingt. La dégradation sociale des «années folles» prend chez Cocteau le déguisement d'une sensualité factice qui s'exprime à travers l'érotisme faussé de la femme, mais aussi celui du matelot, tous deux voués à une forme particulière de la prostitution, présentée tantôt sous l'aspect de la «femme objet», tantôt sous celui de «l'homme-objet».

Dans ce contexte, c'est évidemment le problème des rapports du *Pauvre Matelot* avec le naturalisme musical qui doit retenir notre attention. Dans quelle mesure, cette œuvre lyrique est-elle significative pour ce courant esthétique ou pour ses variantes (réalisme, vérisme)? Quels en sont les points de divergence et de convergence?

On a vu précédemment que cette problématique n'existe pas seulement dans le cas du *Pauvre Matelot*. Elle s'étend à la totalité des œuvres, réputées «naturalistes», à commencer par celles de Bruneau, fondées sur des textes ou livrets de Zola. La question ne peut se résoudre, disons le net, que dans le sens de l'acceptation typologique des termes de «naturalisme, de vérisme ou de réalisme banal», c'est-à-dire, par la mise en évidence des tendances relevant de ces options, appelées globalement «réalisme esthétique».

Aucune œuvre lyrique n'incarne intégralement et fidèlement l'esthétique naturaliste. Elle l'incarne plus ou moins. C'est évidemment la relation qui existe entre l'analyse esthétique abstraite et la réalité vivante des œuvres. Comme l'a fait observer avec justesse Max d'OLLONE «de constants malentendus furent créés par le mot «réalisme». On l'employa pour désigner ce qui semblait opposé aux conventions du théâtre musical. On les appliqua aux librettos mettant en scène des gens du peuple, tenant un langage prosaïque, et aussi au souci d'individualiser fortement les personnages, d'accentuer leur humanité, fut-ce aux dépens de l'esthétique, de la poésie, du bon goût (...). Dans *Messidor* et dans l'*Ouragan* fusionnent étrangement le réalisme et le symbolisme dont les doctrines pourtant s'opposaient alors nettement» (220).

Aussi, M. Guiomar a certes raison, lorsqu'il qualifie les œuvres de collaboration de Bruneau et de Zola de «messages, issus du concept naturaliste (mais) incapables de se libérer des complexes de culture (...) et que «c'est là toute la difficulté d'une école qui s'est présentée comme révolutionnaire jusqu'à chanter presque l'anarchie (Charpentier), obligée de s'abstraire, sans y parvenir des schémas traditionnels de l'opéra: des données mythiques et lyriques, liées, semble-t-il, à la fonction utopique et sociale qui, contraire à tout naturalisme, aurait ainsi formé une impasse devant les grandes tendances du mouvement» (221).

En ce sens, cette difficulté apparaît nettement dans la thématique naturaliste, vériste ou réaliste qui choisit dans l'actualité - tout en respectant la contemporanéité du sujet - des événements malgré tout exceptionnels. Le fait divers dont s'inspire, semble-t-il, Cocteau, n'est pas quotidien. Dieu merci, toutes les femmes de marins ne fracassent pas la tête de leurs maris lorsqu'ils rentrent à la maison, même après une longue absence! En fait, ce qu'on peut observer sur la scène, ce n'est pas un tableau réel de la vie, mais plutôt sa représentation, vue à travers l'imagination de son auteur. Ce qui caractérise ainsi cette esthétique particulière, c'est l'ambiguïté de son propos.

D'une part, l'ambition naturaliste prétend traduire la réalité du quotidien, mais d'autre part, cette transposition se voit présentée sur scène du théâtre lyrique, ce qui condamne d'avance la tentative à l'échec.

Voilà des personnages bien «réels» qui chantent «Mange ta soupe! Passe-moi le marteau!» Mais qui dans la vie courante agit de cette manière en communiquant uniquement en chantant? Autrement dit, le théâtre musical est un genre artistique qui n'est pas du tout «naturel», mais tout à fait «artificiel». Il en résulte, répétons-le, que la notion du «naturalisme musical» ne se rapporte pas véritablement à une réalité empirique de tous les jours, mais aux modèles imaginaires construits d'après celle-ci...

Lorsqu'on examine l'esthétique du «réalisme familier», un dérivé du naturalisme musical, la problématique demeure. On s'efforce de montrer la vie telle qu'elle est (aux yeux de l'artiste): la salle de bain du matin, le savon qui glisse, le métro qui est en retard, les enfants qui ont mal aux dents, le garçon de café qui vous annonce «Hélas, nous n'avons plus de blanquette de veau aujourd'hui!». Plusieurs œuvres lyriques se réclament de cette esthétique, par exemple *La Brebis égarée* de Milhaud, *Intermezzo* de Richard Strauss, *D'aujourd'hui à demain* d'Arnold Schönberg, *Les Nouvelles du jour* de Paul Hindemith et surtout *Jonny mène la danse* (Jonny spielt auf) de K. Krenek. Ce dernier proclame avoir porté sur la scène la société telle qu'elle est: «Regardons la vie en face!» s'exclame-t-il. «Disons-lui OUI de tout coeur, et nous aurons l'art sans trop savoir comment».

Ce n'est plus le naturalisme de Zola, subordonné à des préoccupations esthétiques et de gradation dramatique. C'est le «réalisme intégral, le banalisme, le réalisme familier qui sera érigé en doctrine d'art» (222).

Mais qu'y a-t-il donc pour Krenek dans cette vie qui soit digne d'être porté sur la scène? C'est ce qu'on voit tous les jours et en quoi le public peut se reconnaître. Dans «Jonny mène la danse», l'auteur fait ainsi défiler des caractères médiocres sur la scène: un compositeur neurasthénique sans volonté (Max), une pêcheresse sans cervelle ni cœur (Anita), un virtuose sans vergogne qui se fait payer un diamant une nuit de plaisir, (tout comme le pauvre matelot), une servante agacée quand elle n'a eu personne dans son lit pendant la nuit, un noir en quête d'amours faciles, un directeur d'hôtel débordé, une police inapte et ainsi de suite. Voilà donc la vie telle que la voit Ernst Krenek en 1926.

En réalité, ce qui caractérise cette société des«années folles», telle qu'elle apparaît au travers des livrets d'opéras, c'est tout autant la domination de l'argent dont l'absence ou la présence régit les rapports entre les individus que celle d'une société à l'érotisme factice qui se présente sous les traits de la prostitution (voir *Le Pauvre Matelot, Jonny spielt auf* ou *Mahagonny*) et qui ne voit dans l'amour que le désir de dominer l'autre.

On sent Bertold Brecht embarrassé lorsqu'il s'agit de définir le réalisme de son époque: «Aussi longtemps qu'on ne dispose pas d'une définition du réalisme fondée scientifiquement, on ferait peut-être mieux (...) de parler d'écivains réalistes et de leurs méthodes pour influer sur la réalité au moyen de reproductions fidèles de cette réalité» (223).

Mais le naturalisme propose davantage que le réalisme. C'est un réalisme exacerbé. Il réunit le plus grand nombre de documents humains, les classes soigneusement en remontant du simple au composé, et, une fois ce travail de préparation accompli, il coordonne le tout et le place dans le milieu convenable, nous forçant ainsi à méditer sur la société. Le naturalisme littéraire, c'est la méthode expérimentale, appliquée à l'observation des faits de la vie courante, mais sans exclure la personnalité de l'observateur. C'est ainsi, en tout cas, que le voyaient des naturalistes comme Zola.

Mais transposée sur la scène lyrique, cette méthode critiquable en soi perd évidemment une grande partie de sa signification qu'elle pouvait avoir dans le «Roman expérimental» de Zola. Pourtant, sur le plan musical, les compositeurs y ont vu un moyen facile permettant d'introduire sur la scène un élément sûr, pris dans la société et dont l'objectivité ne pouvait être mise en doute: c'est la chanson populaire. Pourquoi la technique du «collage» est-elle si fréquemment employée dans les œuvres lyriques ayant des sujets «naturalistes, véristes ou réalistes»? Ce collage, qu'est-il donc finalement?

C'est avant tout un dérivé du procédé de la «contrafacture» ou de la «citation» d'une chanson populaire ou d'un thème musical provenant d'un autre auteur. Rappelons que Milhaud n'est certes pas le seul à avoir eu recours à ce procédé qui est employé à satiété par quantité d'auteurs, tels qu'Eugène d'ALBERT dans *Tiefland*, BRUNEAU dans *Le Rêve* et dans *L'Enfant-Roi*, Janacek dans *Jenufa*, LEROUX dans *Le Chemineau*, WEILL dans *Mahagonny* et Richard STRAUSS dans *Intermezzo* qui recourt à la citation pour symboliser la profession d'un chef d'orchestre.

Dans l'optique naturaliste, on cite une chanson populaire pour «faire plus vrai», pour «épaissir la réalité sur la scène». Ceci est particulièrement évident chez les adeptes du «réalisme soviétique» des années 20: Pour traduire la vie réelle, quotidienne du peuple russe, le moyen le plus simple était encore de lui faire chanter des chanson populaires.

Après 1945, on a cru voir dans le théâtre un «creuset d'observation du réel». Le problème de la citation devenait alors plus ambigu encore. Non seulement, l'emploi du collage permettait de «faire plus vrai», et le cadre devenait aussi important que le tableau. La chanson citée devait, en raison de la musique qui la précédait ou de l'action présentée sur scène, acquérir une signification très différente de celle qu'elle avait jusqu'alors.

Ainsi, Maurice Béjart dans sa mise en scène de la *Veuve Joyeuse* de LEHAR fit chanter aux acteurs «La vie est belle, réjouissons-nous!» tout en projetant simultanément sur un écran les évènements réels qui accompagnaient le triomphe de cette opérette pendant les années 1909-1914 (vie chère, grèves, exécutions d'anarchistes, course aux armements) (224). Actions parallèles et chansons joyeuses de l'opérette se heurtaient et donnaient un prolongement dramatique particulier, à contretemps, à l'ambiance imaginée par Léhar, et, en un sens, trahissant l'œuvre.

Malgré son caractère provoquant, cette mise en scène de la *Veuve Joyeuse* de Béjart au Théâtre de la Monnaie à Bruxelles (12 décembre 1963) n'était cependant pas tout à fait inédite, puisqu'elle n'était que la reprise trente-cinq ans après, de l'esthétique du prolongement, mise en œuvre par Milhaud dans le *Pauvre Matelot* (1926) et par Chostakovitch dans *Lady Macbeth* de Mzensk (1934).

On arrive ainsi à l'aspect essentiel de cette œuvre de Milhaud, et ce sera notre conclusion. Si le *Pauvre Matelot*, de même que bien d'autres œuvres lyriques relevant de l'esthétique naturaliste ou réaliste, ne peut prétendre incarner la notion d'un théâtre musical, «creuset de l'observation du réel», il illustre néanmoins ces tendances esthétiques par la mise en œuvre de leurs procédés préférentiels et en particulier de celui de la citation musicale. Dans le *Pauvre Matelot*, le procédé de citation est employé avec vigueur. C'est un extraordinaire exercice de style. L'auteur a voulu marier ici deux langages très différents: le diatonisme sans détours des chansons de marins du XIXème siècle avec son propre langage harmonique partiellement bitonal. A cet égard, on peut affirmer qu'il s'agit d'une réussite incontestable. La preuve en est que pendant cinquante ans, les critiques n'ont pas cherché à départager les éléments populaires et les éléments propres à Milhaud. C'est pourquoi nous considérons le *Pauvre Matelot* comme un chef d'œuvre d'homogénéisation et de fusion de styles différents.

Milhaud, en pleine possession de ses moyens, parvient ici à une grande clarté dans l'expression de ses conceptions esthétiques. C'est le Milhaud de la perfection.

EXEMPLES MUSICAUX
LE RETOUR FUNESTE
N° 1 ♪= 112
C'est un garçon vi_ve la joie, s'en al_lant en cam_pa___gnes, c'est un gar_
_çon vi_ve la_joie, s'en al_lant en cam_pa___gnes ; Il a bien
é___té quatorze___ans Sans nou__vel_les de ses pa_rents.
Relevé des principaux éléments thématiques du Pauvre Matelot
N° 2
ACTE I
Mouvement de Java
SCENE I 1er morceau mes. 35.69
etc.
a)
etc
mes. 70.97
b)
etc.
mes. 98.112
c)
2e morceau mes. 113_144
d)
etc
N° 3 SCENE II (mes. 144.155)
etc.
N° 4 (mes. 156_208
etc.

N° 5 SCENE III
Lent (mes. 208 _ 248)
a
b
a'
b'
N° 6 SCENE IV
Vif (mes 279 . 356)
N° 7 SCENE V
(mes 279 - 356)
etc.
N° 8
(mes 357 - 417)
mes 372
motif du prélude orchestral
403
motif n° 5
Le premier acte se termine par l'alternance entre le thème du Prélude et du n° 5
(page 36 P/C)
N° 9 ACTE II
modéré
Interlude orchestral
(mes. 418 _ 428)
etc
SCENE VI
429 (mes 429 . 443)
9 a
9b
etc
mes 438
9c
motif de l'interlude

SCENE VII
N° 10 (mes. 444 _ 516)
N° 11
SCENE VIII
484 (mes. 484 _ 516)
etc
490
Cher é_poux
etc.
N° 12
(mes. 517 _ 545)
mes. 542, reprise de "Cher époux"
N° 13
(mes. 546)
etc
N° 14
(mes. 568, anacrouse, p. 569)
Motif de l'interlude
N° 15
(mes. 583 _ 605)
etc. motif du Prélude

SCÈNE IX
N° 16 a (mes. 606 _ 645)
etc
N° 16 b (mes. 614 et 629)
reprise variée de 1 b
etc
PRELUDE DE L'ACTE III
N° 16 c (mes. 646 _ 647)
etc....
CHANSON "HARDI LES GARS"
N° 16 d (mes 654) Solo de Cor
etc
(mes 670)
SCÈNE X
N° 17 (mes. 682 _ 695)
etc
Thème servant d'accompagnement de 682 _ 695.
N° 18 (mes 696 _ 726)
etc...
(Valparaiso) chanson populaire
à partir de 712 le motif du n° 17 est employé simultanément.

N° 19 (mes. 727–767)
a) 727–737
Re♭m
a') 738–749
Si♭M
b) 750–758
c) 759–767
SCENE XI
N° 20 (mes. 768–777)
etc
etc
SCENE XII
N° 21 (mes. 778–804)
etc
reprise de thème initial et de (19 c) varié.

N° 22.

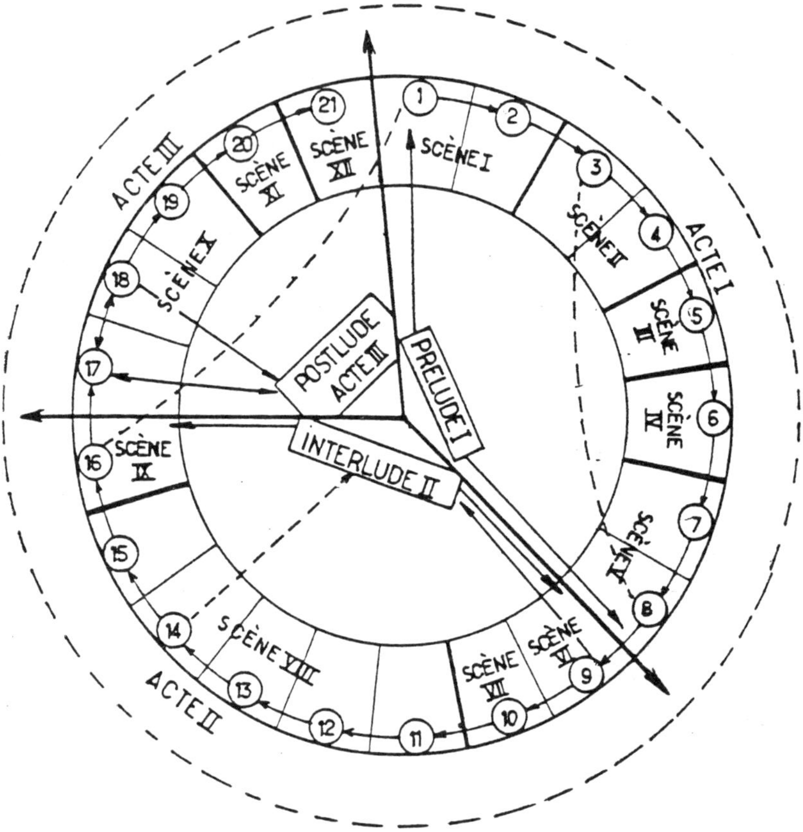
ACTE I
ACTE II
ACTE III
PRELUDE I
INTERLUDE II
POSTLUDE ACTE III
SCÈNE I
SCÈNE II
SCÈNE III
SCÈNE IV
SCÈNE V
SCÈNE VI
SCÈNE VII
SCÈNE VIII
SCÈNE IX
SCÈNE X
SCÈNE XI
SCÈNE XII
1
2
3
4
5
6
7
8
9
10
11
12
13
14
15
16
17
18
19
20
21

Les chansons de marins employées dans
Le pauvre matelot
NOUS IRONS A VALPARAISO
N° 23
(3e Acte, Postlude, n° 17 et n° 18)
moderato
Har-di les gars! vire au guin-deau, Good bye fa-re well, Good bye fa-re well!
Hardi les gars! A-dieu Bordeaux! Hourrah, oh me-xi-co, ho-ho-ho! au
Cap Horn il ne fe-ra pas chaud. Haul away, Hé! Ou-la-tcha-lez
à fair la pêche au ca-cha-lot hal' matelot, hé! ho! hisse hé ho!
ADIEU, CHER CAMARADE
(3e Acte, Postlude, n° 17 et n° 18. mes. 7-12)
N° 24
a-dieu, cher ca-ma-ra-de, a-dieu faut nous quitter, faut quit-ter la bam-
boche à bord il faut al-ler en ar-ri-vant à bord.
en mon-tant la cou-pée — à l'of-fi-cier de quart il faudra se
pré-sen-ter fau-dra se pré-sen-ter —

SUR LE PONT DE MORLAIX p. 54

N° 25 3e acte, n° 19 a et b, mes. 727–748 en particulier

PASSANT PAR PARIS p. 99/100

N° 26 3ème acte, mes. 750-767, voir la partie de trombone + clarinette

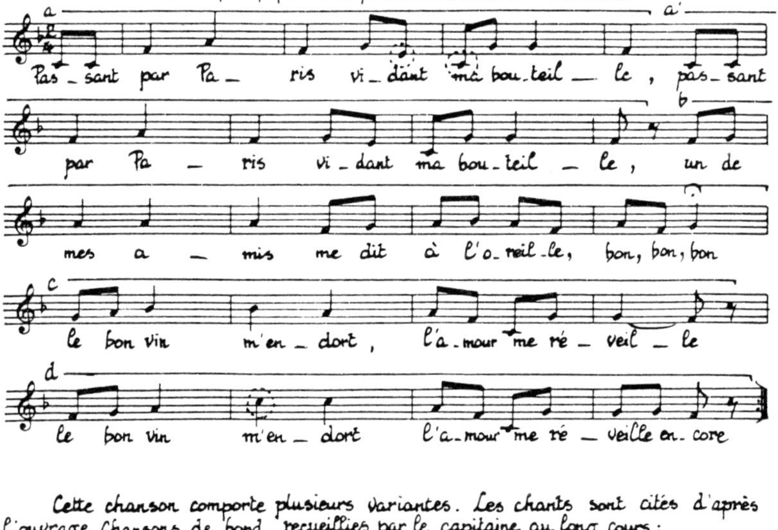

Cette chanson comporte plusieurs variantes. Les chants sont cités d'après l'ouvrage Chansons de bord, recueillies par le capitaine au long cours : Armand Hayet, harmonisées par Charles Bredon, illustrées de 14 dessins originaux d'André Chote, Paris, Editions Eos, 1927 (4° Vm7 716)

COMPARAISON DE "VALPARAISO" ET DU "PAUVRE MATELOT"
N° 27
1
Hardi les gars vire au guin_deau
696
Avec le mar_teau j'ai frap_pé,
2
Good bye fare well good bye fare well!
698
J'ai ta _ pé fort sur_ la tê_te,
3
Hardi les gars a_dieu Bordeaux
700
J'ai ta_pé de tou_tes mes for_ces
4
Hour_rah oh Me_xi_co, ho ho ho!
702
Je ne pou_vais pas m'en dor_mir
5
Au Cap Horn il ne fera pas chaud
704
J'ai vu mon ma_ri sur la rou_(te)
6
Haul a_way Hé! Oulatchalez
706
_te seul ___ sans ar_gent
7
A fait la pêche au ca_cha_lot
708
A_lors j'ai dé_ci_dé la cho_se,
8
Hal' mate_lot hu! ho his_se ho!
710
Ah! C'est terrible de voir son dos,

COMPARAISON DE "ADIEU, CHER CAMARADE" ET DU "PAUVRE MATELOT"

COMPARAISON DE LA CHANSON "SUR LE PONT DE MORLAIX"
AVEC LE "PAUVRE MATELOT"

N° 29

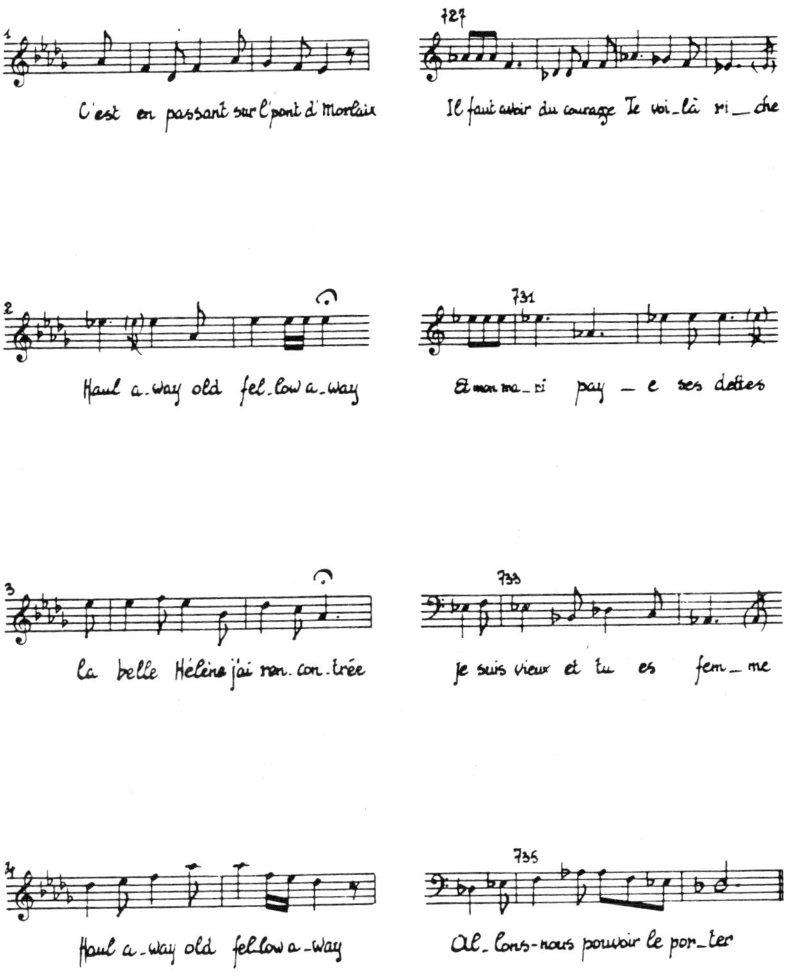

COMPARAISON DE LA CHANSON "PASSANT PAR PARIS"
AVEC "LE PAUVRE MATELOT"

N° 30

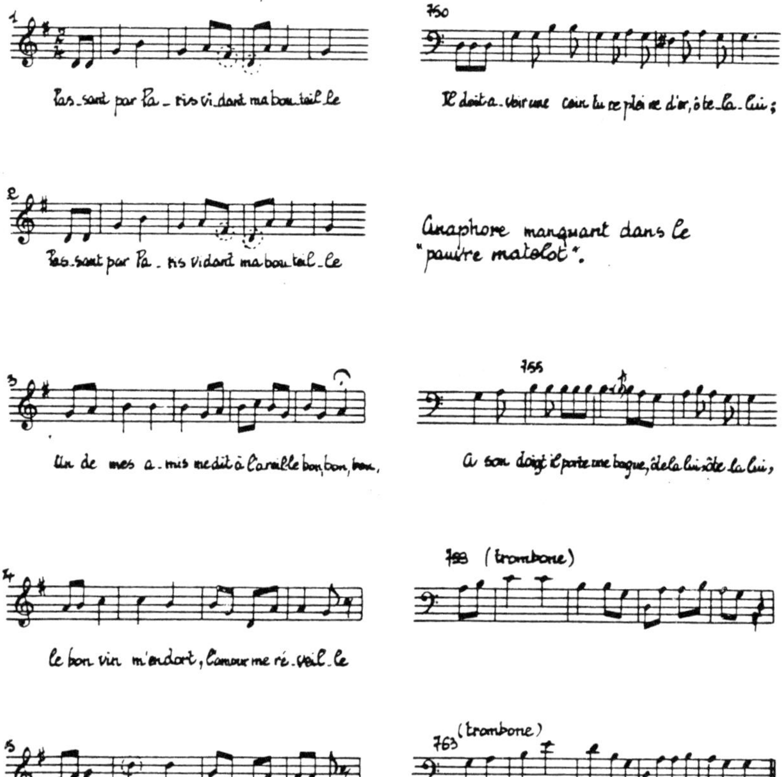

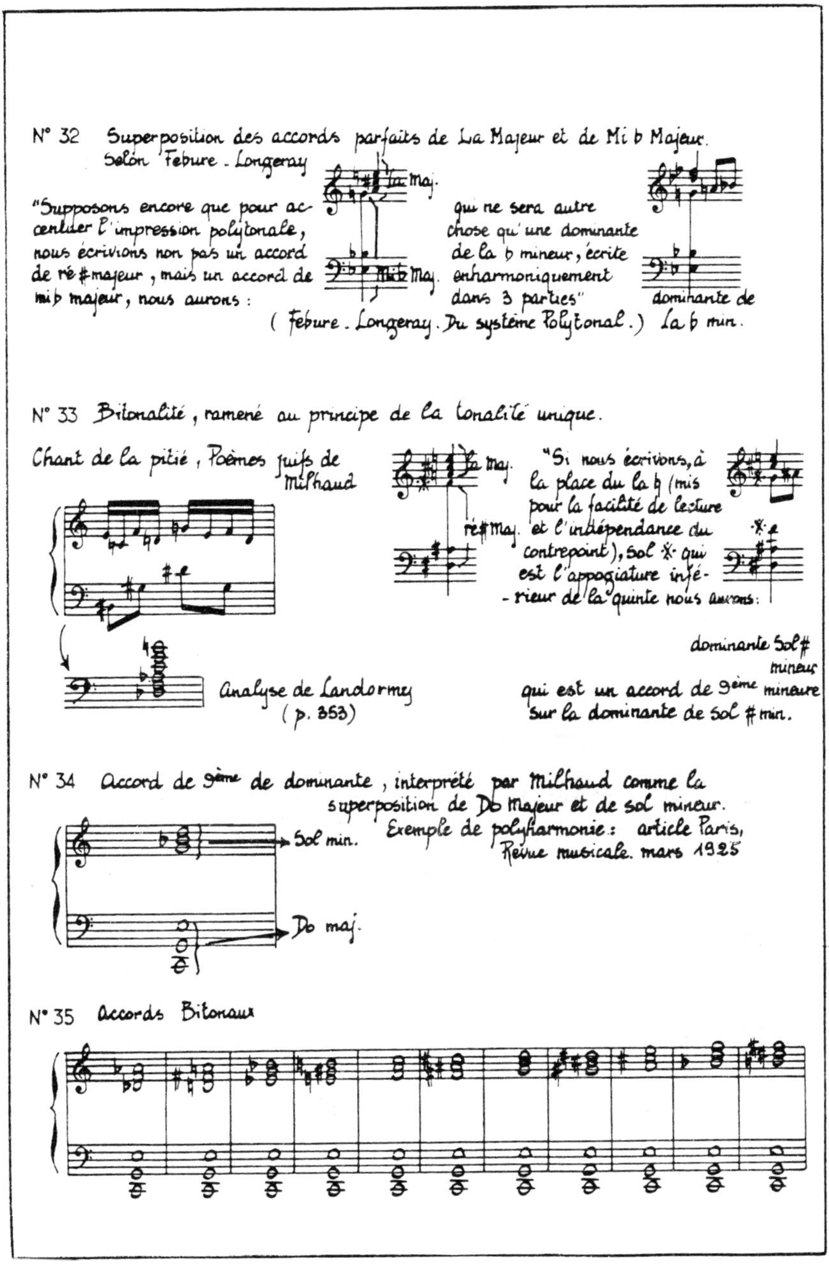
N° 32 Superposition des accords parfaits de La Majeur et de Mi b Majeur.
Selon Febure - Longeray
"Supposons encore que pour accentuer l'impression polytonale, nous écrivions non pas un accord de ré # majeur, mais un accord de mi b majeur, nous aurons :
La maj.
Mi b Maj.
qui ne sera autre chose qu'une dominante de la b mineur, écrite enharmoniquement dans 3 parties"
dominante de la b min.
(Febure - Longeray. Du système Polytonal.)
N° 33 Bitonalité, ramené au principe de la tonalité unique.
Chant de la pitié, Poèmes juifs de Milhaud
La maj.
ré # maj.
"Si nous écrivions, à la place du la ♮ (mis pour la facilité de lecture et l'indépendance du contrepoint), sol 𝄪 qui est l'appogiature inférieur de la quinte nous aurons :
dominante Sol # mineur
Analyse de Landormy (p. 353)
qui est un accord de 9ème mineure sur la dominante de sol # min.
N° 34 Accord de 9ème de dominante, interprété par Milhaud comme la superposition de Do Majeur et de sol mineur.
Exemple de polyharmonie : article Paris, Revue musicale. mars 1925
Sol min.
Do maj.
N° 35 Accords Bitonaux

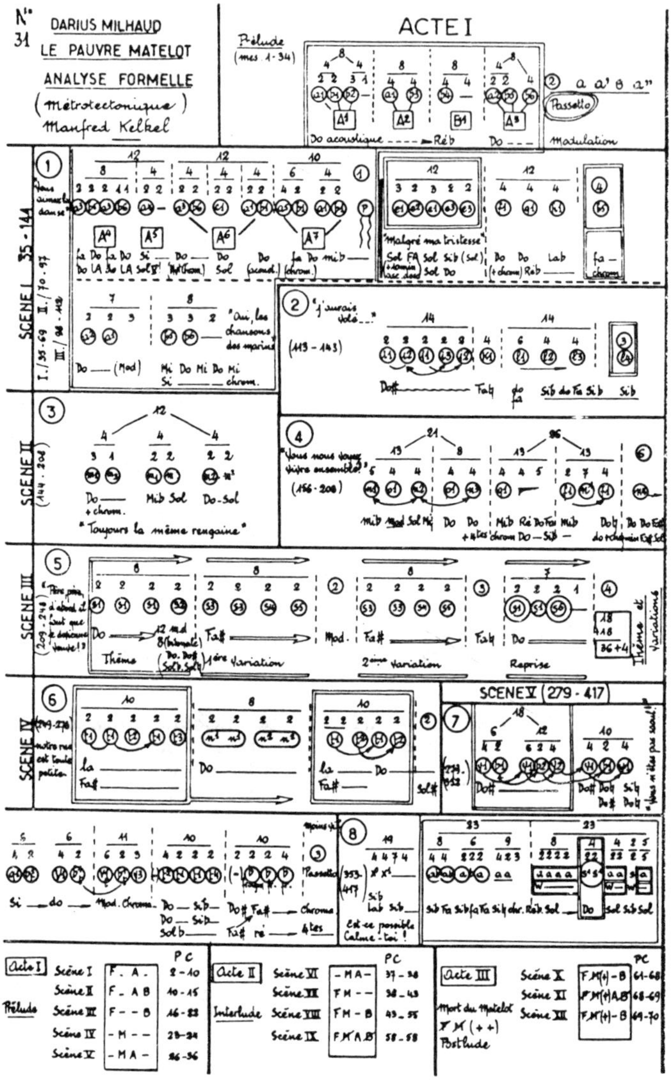
N° 31
DARIUS MILHAUD
LE PAUVRE MATELOT
ANALYSE FORMELLE
(métrotectonique)
Manfred Kelkel
ACTE I
Prélude (mes. 1-34)
Passetto
Modulation
SCENE I 35-144
"Malgré ma tristesse"
"j'aurais volé..."
SCENE II (144-208)
"Toujours la même rengaine"
SCENE III
Thème
1ère variation
2ème variation
Reprise
Thème et variations
SCENE IV
SCENE V (279-417)
Est-ce possible
Calme-toi !
Acte I
Prélude
Acte II
Interlude
Acte III
Mort du Matelot
Postlude

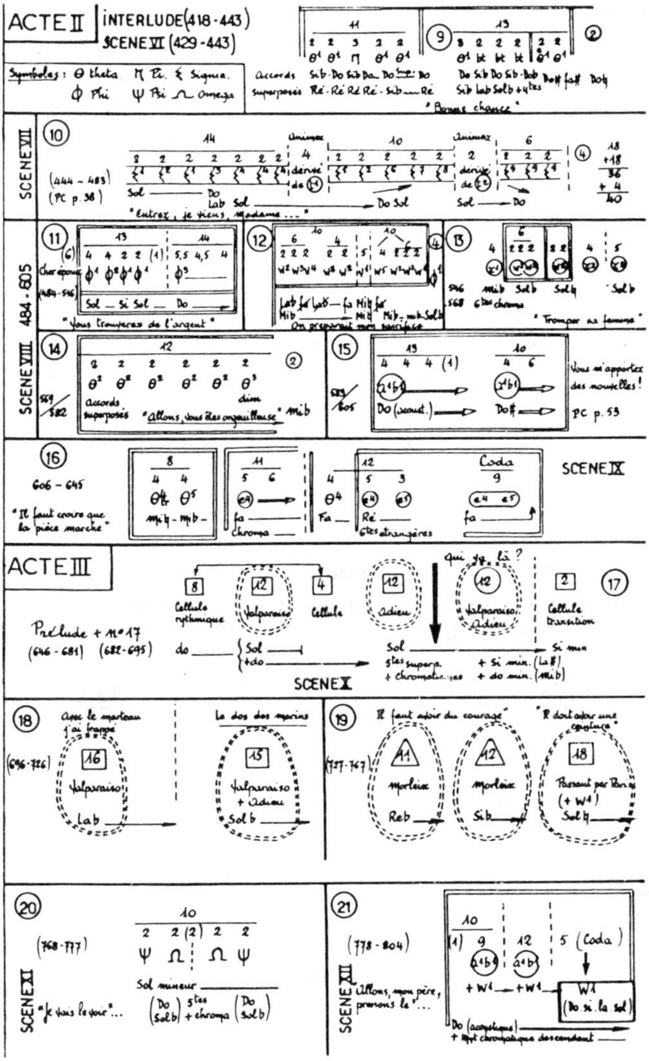
ACTE II
INTERLUDE (418-443)
SCENE VI (429-443)
SCENE VII
(444-483)
"Entrez, je viens, Madame..."
484-605
"Vous trouverez de l'argent"
"Tromper sa femme"
SCENE VIII
"Allons, vous êtes orgueilleuse"
Vous m'apportez des nouvelles!
606-645
"Il faut croire que la pièce marche"
Coda
SCENE IX
ACTE III
Prélude + n° 17
(646-681) (682-695)
Cellule rythmique
Valparaiso
Cellule
Adieu
Cellule transition
SCENE X
Avec le marteau j'ai frappé
Les dos des marins
Il faut avoir du courage"
(696-726)
(727-767)
Morlaix
(768-777)
SCENE XI
Sol mineur
(778-804)
SCENE XII
Allons, mon père, prenons le"...
W1
(Do si la sol)

N° 36 a et b Superpositions et renversements d'accord bitonaux
A
B
C
D
N° 37 Superpositions de trois accords
N° 38 Renversements de 3 accords superposés.
N° 39
Ré
mib mineur
Do Majeur
Polytonalité du Pauvre Matelot P/C p. 61 mes. 679
N° 40 mes. 35 p. 2
N° 41 Exemple de bitonalité mes. 70 P/C p. 5

No 42, mes. 86, P/C p.6.

No 43, mes. 208, P/C p. 18.

No 44, mes. 249, P/C p. 23

No 45, mes. 342, P/C p. 30.

No 46, mes. 418, P/C p. 37

No 47, mes. 450, P/C, p. 39

No 48, Darius MILHAUD - Catalogue des fleurs, Jacinthes (1920).

N° 49 "Le pauvre matelot", version 1926 mes. 43-46 1ère Orchestration.

N° 50

mes 216
Exemple de bitonalité

N° 51 "Le Pauvre Matelot, version 1926 Orchestration de la mesure 216 (p. 42), à comparer avec la page 28 de la version de 1934.

NOTES

1. ZOLA (E.) *Le roman expérimental,* Paris, Fasquelle, 1969, p. 42.

2. POPPER (Karl) *The logic of scientific discovery*, New York, Basic Books, 1959, p. 27. Cité d'après TODOROV (T) *Introduction à la littérature fantastique*, Paris, Editions du Seuil, 1970. p. 8.

3. MACHABEY (A.) *La Musicologie*, Paris, Presses Universitaires de France, 1962, pp. 117/118.

4. CHAILLEY (J.) *Traité historique d'analyse musicale*, Paris, Leduc, 1951, p. 104.

5. COCTEAU (J.) *Le secret professionnel*, Paris, Stock, 1926.

6. PROPP (Vladimir) *Morphologie du conte*, Paris, Le Seuil, 1965.

7. Voir à cet égard notre thèse de 3ème cycle *Alexandre Scriabine, sa vie, l'ésotérisme et la langage musical dans son œuvre*, Paris, Champion, 1978.

8. RUWET (N.) *Notes sur les duplications dans l'œuvre de Claude Debussy*, dans : *Musique en Jeu no. 10*, Paris, Le Seuil, mars 1973: «Procédant à l'instar des linguistes, il nous faudrait partir du tout qui nous est donné, non encore analysé, c'est-à-dire en l'occurence de l'œuvre musicale dans son entier, *Nuages*, par exemple, et le décomposer progressivement en ses élements, ces derniers étant définis uniquement en termes de relations qu'ils entretiennent entre eux et avec le tout».

9. Je tiens à apporter ici le témoignage suivant. Lors d'un cours de composition, Milhaud, qui était la modestie même, répondit un jour à un critique américain qui s'était étonné de l'abondance de sa production: «I am a lazy boy!» (Je suis un paresseux). Sans doute voulait-il dire par cette boutade qu'il n'avait en réalité composé qu'une infime partie des œuvres qu'il eût aimé écrire.
Nous signalons à cet égard le catalogue de l'œuvre intégrale de Milhaud établi par Madeleine Milhaud, paru aux Editions Champion, 1982.. Les deux catalogues de Georges Beck, publiés en 1949 et 1956 par les éditions Heugel, sont évidemment incomplets. Peu de temps avant sa mort, Milhaud a fourni lui-même une liste quasi complète de sa production à l'annexe de son livre, *Ma vie heureuse*, paru en 1973.

10. BERNARD (Robert) *Histoire de la Musique*, Paris, Fernand Nathan, 1963, p. 883 (III).

11. Ainsi Edgar Varèse nous a laissé quatorze œuvres, Anton Webern une trentaine et Arnold Schönberg une cinquantaine d'œuvres.

12. LANDORMY (P.) *Darius Milhaud*, dans : *Le Ménestrel*, Paris, 1925, no. 33, p. 345.

13. COLLAER (P.) *Darius Milhaud*, Anvers, N.V. De Nederlandsche Boekhandel, 1947, p. 29.

14. BRELET (G.) *Darius Milhaud*, dans: *Histoire de la Musique, Encyclopédie de La Pléiade*, Paris, Gallimard, 1963, pp. 1105-1114 (II).

15. COLLAER, *Darius Milhaud, op. cit.*, p. 33

16. MILHAUD (D.) *Ma vie heureuse*, Paris, Ed. Belfond, 1973, p. 315.

17. MILHAUD (D.) *Etudes*, Paris, Ch. Aveline, 1927, *Ma collaboration avec Paul Claudel*, p.p. 27 - 34.

18. Ce furent les quatre fragments des *Choephores* surtout, donnés le 17 juin 1919 au 9ème concert de la Ste pour la musique qui attira l'attention du monde musical sur Milhaud. «C'est une terrible musique, d'aucuns diront, c'est un bruit affreux», voir la critique de ce concert de Paul LANDORMY dans le journal *La Victoire* du 19 juin 1919. *L'Orestie* en entier fut créé en 1963 par la Deutsche Oper de Berlin.

19. ROY (J.) *Darius Milhaud*, Paris, Seghers, 1968, p. 143.

20. MILHAUD, *Ma vie heureuse, op. cit.*, pp. 141/2.

21. ROY (J.) *Darius Milhaud, op. cit.*, p. 145, créé le 16.12.1927.

22. MILHAUD, *Ma vie heureuse, op. cit.*, p.167.

23. Max Reinhard abandonna le projet et l'ouvrage fut créé par Erich Kleiber le 5 mai 1930 à l'Opéra de Berlin. Voir à ce sujet *Interview avec Darius Milhaud* dans le journal *Paris Soir* du 7 décembre 1936.

24. ROY, *Darius Milhaud, op. cit.*, p. 153.

25. Jean CHANTAVOINE conteste dans *Le Ménestrel* du 15 janvier 1932, pp. 19/20 l'opportunité d'évoquer sur la scène la vie du personnage de Maximilien qui «honora point la France». Il accuse Milhaud de s'en tenir, par souci de réalisme, à «des éléments bruts de sonorité que rien ne différencie» (...) M. Milhaud s'efforce d'inventer un style musical dont la rudesse (..) traduit tout cru, en langage de son, l'automatique banalité».

26. BELVIANES (Marcel) *L'Essor de la Saison Théâtrale du mois de mai, Médée, tragédie lyrique en trois tableaux*, dans : *Le Ménestrel* des 17 et 24 mai 1940 pp. 73/4. Belviane loue l'habile découpage du livret et le style volontairement sobre et dépouillé de la musique qui «n'est à aucun moment stagnante. Elle coule, rapide et claire comme une eau que jamais ne nous ennuie par la monotonie d'une seule image». Après la reprise de l'ouvrage à Paris, une version allemande fut réalisé par Josef Heinzelmann.

27. JOURDAN-MORHANGE (E.) *Mes amis musiciens*, Paris, Les Editeurs réunis, 1955, p. 124.

28. MILHAUD (D.) *Ma vie heureuse, op. cit.*, pp. 250/251.

29. *ibid.*, p. 281.

30. MILHAUD (D.) *Notes sans musique, Mon enfance* et *Paris 1909-1912, op. cit.*, p. 14-23 et 29-39. Voir aussi LANDORMY (P.) *Darius Milhaud*, dans: *Le Ménestrel*, 1925, pp. 345-347.

31. MILHAUD (D.) *Entretiens avec Claude Rostand*, Paris, Julliard, 1952, p. 30.

32. LANDORMY, dans *Le Ménestrel*, 1925, p. 362.

33. MILHAUD, *Entretiens avec Claude Rostand*, op. cit., p. 111.

34. LOEWENBERG (A.) *Annals of Opera*, Genève, Stas Bibliographica, 1943, p. 1373.

35. CHANTAVOINE (J.) Critique de la *Brebis égarée* dans *Le Ménestrel*, no. 50, 1923, pp. 526/7.

36. *ibid.*, p. 527.

37. MILHAUD (D.) *Correspondance avec Paul Claudel, op. cit.*, p. 75, lettre du 18.2.1924.

38. LANDORMY (P.) *La Brebis égarée*, dans *La Victoire musicale* du 18.12. 1923.

39. Cette problématique fait l'objet d'une étude approfondie dans notre ouvrage sur le naturalisme.

40. LANDORMY, *op. cit.* du 29.12.1923.

41. COLLAER (P.) *La musique moderne*, Bruxelles, Ed. Meddeus, 1963, pp. 153-169 (p. 163 précisément).

42. MILHAUD (D.) *Brésil*, dans : *La Revue musicale*, no. 1, 1920, pp. 60/61.

43. MILHAUD, *Etudes*, Paris, Ed. Claude Areline, 1927, Chapitre II.

44. COLLAER (P.) *Darius Milhaud, op. cit.*, p. 150: Les auditeurs de *l'Orestie* furent frappés par l'aspect grec de cette musique, non pas en surface, mais par le sens profond, par la signification de son lyrisme.

45. *Les Euménides*, p. 403 du P/C, toutes les notes de la gamme d'Ut majeur.

46. *Les Euménides, Ouverture du 3ème acte*, p. 173, 182, 183 du P/C........

47. Tout ceci pose la question des critères, selon lesquels il convient de grouper les ouvrages lyriques de Milhaud. Il y a plusieurs points de vue à considérer. Premièrement, on pourrait sans doute procéder chronologiquement ou encore grouper les ouvrages selon leur importance sur le plan de l'orchestration ou de la durée. Dans ce cas, on groupera d'un côté les opéras de chambre (*Malheurs d'Orphée, Pauvre Matelot, Fiesta* et les trois opéras-minutes, et, de l'autre, les grandes constructions monumentales comme l'*Orestie, Christoph Colomb, Bolivar, Maximilien* et *Louis, Roi de France*. Les œuvres de durée moyenne, *Brebis égarée, Médée* et *Esther de Carpentras* formeraient alors un troisième groupe.

48. LANDORMY (P.) *Darius Milhaud*, dans: *Le Ménestrel*, no. 33, du 14.8. 1925, p. 345.

49. COLLET (HENRI) *Les Cinq Russes et les Six Français*, Paris, *Comoedia*, 7.4. 1919.

50. MILHAUD (D.) *Petite historique nécessaire*, dans le *Courrier musical*, 1925, p. 30: Un soir, un musicien s'approche de nous, et nous dit qu'il suivait nos petits concerts avec attention, qu'il était critique de *Comoedia* et qu'il désirait avoir la liste de nos œuvres et quelques renseignements biographiques. Nous répondîmes à ses questions et quelques jours après nous lisions dans Comoedia un article «*Les 5 Russes et les 6 Français*». Collet avait choisi les noms d'Auric, Daurey, Honegger, Milhaud, Poulenc et Tailleferre.

51. LANDORMY (P.) *Darius Milhaud*, dans *La Victoire musicale* du 21.9.1920.

52. COCTEAU (Jean) *Le Coq et l'Arlequin*, notes autour de la musique, Paris, éd. La Sirène, 1918, 74 p.

53. Cette lettre de Cocteau est reproduite dans le *Courrier musical* du 15.2. 1922, p. 61, avec un article de Paul LANDORMY: *Querelle d'Ecole*..

54. MILHAUD, *Ma vie heureuse*, op. cit., p. 53.

55. COCTEAU, *Le Coq et l'Arlequin*, op. cit., p. 53.

56. C'est à partir de 1918 qu'on trouve des fox-trots, des shimmy, la biguine et la Java à Paris.

57. MILHAUD (D.) *Impressions d'Amérique*, Paris, *Le Courrier musical* du 15.2.1923, p. 115.

58. MILHAUD, *Entretiens avec Claude Rostand*, op. cit., p. 88.

59. COLLAER (P.) *Darius Milhaud, op. cit.*,pp. 118/119, résumé du livret.

60. MILHAUD, *Entretiens, op. cit.*, p. 129.

61. MILHAUD, *Ma Vie heureuse, op. cit.*, p. 140.

62. POULENC (Francis) *Les Malheurs d'Orphée*, dans: Paris, *Le Ménestrel*, no. 21, du 21. 5.1926, pp. 238/239.

63. *Avant-Première*, dans *le Ménestrel* du 9 décembre 1927, p. 514.

64. ROLAND MANUEL, *Le Pauvre Matelot*, dans *Le Ménestrel*, du 23.12. 1927, pp. 531/2.

65. PRUNIERES (H.) *Le Pauvre Matelot*, dans *La Revue musicale*, janvier 1928, pp. 252-255. Effectivement le *Pauvre Matelot* contient quelques négligences prosodiques. Milhaud, dans ses *Entretiens*, p. 119, s'explique: «Dès l'instant où l'on met un texte en musique, pourquoi vouloir qu'il ait le même débit, la même pulsation que la langage parlé?».

66. TENROC (Ch.) *Le Pauvre Matelot*, dans *Le Courrier musical*, janvier 1928, pp. 13/14.

67. KIHM (J.J.), SPRIGGE (E.), BEHAR (H.), *Jean Cocteau, l'homme et les miroirs*, Paris, La Table ronde, 1968, p. 28.

68. MILORAD, *Avec les Musicens, Cahier Jean Cocteau*, no. 7, Paris, Gallimard, 1978, p. 14.

69. KIHM, *Jean Cocteau, L'homme et les miroirs*, op. cit., p. 42.

70. POUGIN (A.) *Châtelet, Les «Ballets Russes»*, dans *Le Ménestrel*, du 18.5. 1912, p. 155.

71. KIHM, SPRIGGE, BEHAR, *op. cit.*, p. 76 et 91, ce fragment fut publié en 1929 par Universal-Edition, Vienne.

72. TIERSOT (J.) *Souvenirs de cinq années (1914-1919)* écrit dans *Le Ménestrel* du 12.12.1919, p. 85: «Parade de Satie, ce mélange de vulgaire, de vide, de rien, ponctué de grimaces, parût être particulièrement pénible à une époque où il y avait d'autres choses à quoi penser».

73. AURIC (G.) *Préface pour le Coq et l'Arlequin*, nouvelle édition, Paris, Stock, 1979, p. 17.

74. FERMIGIER (A.) *Jean Cocteau entre Picasso et Radiguet*, Paris, Hermann, 1967, p. 63.

75. Voici la Préface d'Apollinaire: «De cette alliance nouvelle, car jusqu'ici les décors et les costumes d'une part, la chorégraphie d'autre part, n'avaient entre eux qu'un lien factice, il en est résulté, dans *Parade*, une sorte de *sur-réalisme* où je vois le point de départ d'une série de manifestation de l'Esprit Nouveau qui, trouvant aujourd'hui l'occasion de se montrer, ne manquera pas de séduire l'élite et se promet de modifier de fond en comble les arts et les mœurs dans l'allégresse universelle car le bon sens veut qu'ils soient au moins à la hauteur des progrès scientifique et industriels».

76. MILHAUD, *Ma vie heureuse*, op. cit., pp. 86/7.

77. Voir l'argument dans le *Théâtre de poche* de Cocteau, avec le sous-titre de *The Nothing - doing Bar.*

78. *Le Boeuf sur le toit* est le titre d'une samba à la mode en 1918/19 au Brésil. L'auteur en était un musicien noir du nom de Donga, l'une des gloires du carnaval de Rio. Selon Sagramour, Lopes de Silva «L'Aspect brésilien dans l'œuvre de Darius Milhaud», pp. 61-62.Milhaud a emprunté 18 thèmes à la musique populaire brésilienne; les voici:

   1) «San Paulo Futuro» - Maxixe de F. Lobo (1915)

   2) «Viola Cantadera» - Tanguinho, «Cançao do Sertao de Marcelo Tupinamba», paroles d'Arlindo Leal.

   3) «O Boi no Telhado» «(Le Boeuf sur le Toit)» - Tango de Zé Boiadeiro (1917).

   4) «O Matuto Cateretî» - «Cançao Cearense» - Marcelo Tupinamba (Paroles de Cândido Costa (1916)).

5) «Ferramenta» - Fado portugais, musique d'Ernesto Nazareth (1905).

6) Pas identifié

7) «O Gaucho» «(Corta-jace)» - Tango - Chiquinha Gouzaga.

8) «Flor do Abacate» - Polka - Alvaro Sandiner

9) «Tristezo de Casodo» - Tanguinho, Marcelo Tupinamba, paroles de Bilindo Leal (1919).

10) «Maricota sai de Chuva» - Tanguinho, Marcela Tupinamba (1917).

11) «Carioca» - Tango, Ernesto Nazareth (1905).

12) «Escuado» - Tango, Ernesto Nazareth (1905).

13) Pas identifié.

14) «A Cabocla de Caxanga» - Samba, Catulho de Paixao Ceareuse.

15) «Tango Brasileiro», Alexander Lévy.

16) «Que Sôdade», Marcelo Tupinambe (1917-1918).

17) «Galhofeira» (extrait des «quatre Pièces Lyriques» pour piano d'Alberto Nepomuceno).

18) «Apanhei-te Cavaquinho» - Polka, Ernesto Nazareth.

79. Ce qui balaie la musique expressioniste, c'est une certaine danse américaine que j'ai vue au Casino de Paris (...) Le band américain l'accompagnait sur des banjos et dans de grosses pipes de nickel. A droite, il y avait un barman de bruits, chargé de grelots, de tringles, de planches, de trompes de motocyclette. Il en fabriquait des coctails (...) Saine réaction contre le sublime, contre la musique qui s'écoute, la tête dans les mains. On peut bientôt espérer un orchestre sans la caresse des cordes, un riche orphéon de cuivres, de bois et de batterie».

80. MILHAUD, *Ma vie heureuse*, op. cit: p. 88.

81. MILORAD, *op. cit.*, p. 25. Seul Henri Sauguet en composa une «chanson de marin». Francis Poulenc évoque les migrations du livret dans sa *Correspondance* réunie par Hélène de WENDEL, Paris, Le Seuil, 1967, aux P. 60-68, 86.

82. Le livret de Cocteau et Radiguet, *Paul et Virginie*, opéra-comique en trois actes, fut publié par Liliano Garuti delle Ponti, sout le titre de *Ougli inediti*, Parma, Ed. Ugo Guanda, 1967 (édition bilingue).

83. LOEWENBERG, *Annals of Opera*, op. cit., pp. 486, 650, 1059, 1060

84. KIHM, SPRIGGE, BEHAR, *op. cit.*, p. 132.

85. KIHM, SPRIGGE, BEHAR, *op. cit.*, p. 133: «Pendant la représentation des «Mariés», ils (les Dadaistes) ne cessent de se lever et de s'assoir aux divers points de la salle, en hurlant «Vive Dada !».

86. MILHAUD, *Ma vie heureuse*, op. cit., p. 132

87. Milhaud est évidemment de bonne foi, lorsqu'il raconte dans *Ma vie heureuse*, p. 163 que Cocteau s'était inspiré d'un fait divers qu'il avait lu dans un journal local pendant ses vacances au Piquey».

88. KIHM, SPRIGGE, BEHAR, *op. cit.*, pp. 136, 138.

89. MILORAD, *Avec les musiciens*, op. cit., p. 33, et STEEGMULLER (Francis), *Cocteau, a biography*, Boston-Toronto, Little Brow Company, 1970, p. 123.

90. MILHAUD, *Ma Vie heureuse*, op. cit., p. 163.

91. COCTEAU (J.) *Le Coq et l'Arlequin*, op. cit., pp. 46 et 104.

92. MILHAUD, *Ma vie heureuse*, op. cit., p. 163.

93. cf. note 89.

94. MILHAUD, *Ma vie heureuse*, op. cit., p. 165. Cette allusion à la complainte d'un *Retour Funeste* figure déjà dans un interview de Milhaud dans le Ménestrel du 9. 12. 1927, p. 513/14.

95. CAMUS (A.) *L'Etranger*, Paris, Gallimard, 1942, p. 117.

96. Il est cependant difficile de donner une date précise quant à son origine. Voir à cet égard note no. 74.

97. MILHAUD, *Ma vie heureuse*, op. cit., p. 165.

98. BARBEAU (Marius) et SAPIR (Edward) *Folk Songs of French Canada*, New Haven, Yale University Press, 1925, pp. 45-49.

99. Bien entendu, dans cette perspective, il ne s'agit pas de faire ici, l'historique de la complainte depuis ses origines, le *planctus* latin ou *planh* provençal des IXème au XIIème siècles. C'était alors une chanson monodique, à couplets multiples chantés sur une même mélodie et qui traitait de thèmes religieux ou tragiques ou de la mort d'un grand Seigneur (Ex. la plainte *Fortz causa* de Gaucelm Faidit ou encore celle commémorant la mort de Richard Cœur de Lion (1199).

100. ROSSAT (A.) *La chanson populaire dans la Suisse Romande*, Lausanne, Foetish Frères, 1917, p. 135.

101. La tradition du «Juif errant» date du XIIIème siècle. On prétendit l'avoir rencontré en 1777, à Bruxelles. C'est donc à cette date que parut la complainte qui retrace son portrait.

102. Le début traditionnel se retrouve dans tous les quatre types, ex. celui de *Geneviève de Brabant*: Approchez-vous, honorable assistance, pour entendre le récit en ce lieu, l'innocence reconnue et patience de Geneviève, très aimée de Dieu».

103. MILLIEN (Achille) *Chants et chansons populaires du Nivernais* (trois tomes), Paris, Ed. Leroux, 1906-1910, tome I, pp. 286/7.

104. BUJEAUC (J.) *Chants et chansons populaires des Provinces de l'Ouest*, dans *Revue trimestrielle de la musique populaire*, Paris, Rouart, pp. 237/9.

105. La première exécution capitale avec la guillotine, inventée par le chirurgien Antoine Louis et le facteur de piano Schmitt, eut lieu à Paris le 25 avril 1792.

106. ROSSAT, *La chanson populaire dans la Suisse Romande*, op. cit., pp. 95/96.

107. BARBEAU et SAPIR, *Folk Songs of French Canada*, op. cit., p. 45....

108. BARBEAU et SAPIR, *Folk Songs*, op. cit., pp. 47/48. «No approximate date of origin, therefore, can here be attributed to this ancient ballad. It is safe, however, to ascribe it to a period vagùely antedating the sixteenth or the fifteenth century».

109. MILLIEN (Achille) *Chants et chanson populaires du Nivernais*, op. cit. p. 286.

110. KROGOLL (Johannes) Nachwort pour ZACHARIAS WERNER - *Der vierundzwanzigste Februar*, Stuttgart, Philipp Reclam Juni, 1967, p. 93.

111. BOXBERGER (R.) *Erinnerungen an Goethe. Aus dem Nachlass von Friedrich Schubart*, dans : Archiv f. Literaturgeschichte 4 (1875) pp. 453-463. cité d'après KROGOLL, *Nachwort*, op. cit., p. 91.

112. Rappelons ici le passage de l'*Etranger*: «Un homme était parti d'un village tchèque pour faire fortune. Au bout de vingt cinq ans, riche, il était revenu avec une femme et un enfant. Sa mère tenait un hôtel avec sa sœur, dans son village natal. Pour les surprendre, il avait laissé sa femme et son enfant dans un autre établissement, était allé chez sa mère qui ne l'avait pas reconnu quand il était entré. Par plaisanterie, il avait eu l'idée de prendre une chambre. Il avait montré son argent. Dans la nuit, sa mère et sa sœur l'avaient assassiné à coups de marteau pour le voler et avaient jeté son corps dans la rivière. Le matin, la femme était venue, avait révélé sans le savoir l'identité du voyageur. La mère s'était pendue. La sœur s'était jetée dans un puits».
On aura remarqué quelques parallélismes avec le *Pauvre Matelot*: puits (une citerne)!».

113. Citons ici quelques tragédies de la fatalité (*Schicksalstragödien*): MUELLNER (A.) *Der 29. Februar* (1812), *Der Wahn* (1815) *Die Schuld* (1816) et de VON HOUWALD (C.E., Freiherr) *Die Freistatt* (1819), *Das Begräbnis* (1819), *Die Heimkehr* (1921). A cette liste s'ajoutent les tragédies de la fatalité de Friedrich KIND (le librettiste du *Freischütz*), de Wilhelm SMETS, d'Alfred Freiherr von SECKENDORFFS, Heinrich SCHMIDTS, Ludwig STAHLPANZER (Anton Richter). A signaler aussi quelques parodies comme «La chaussette fatale» *(Der Schicksalsstrumpf)* des frère FATALIS, (ps. d'Ignaz JEITTELES et d'Ignaz Franz CASTELLI) ainsi que la «Fourchette fatale» (*Die verhängnisvolle Gabel*) de PLATEN.

114. Nous rappelons que le livret du *Pauvre Matelot* était d'abord destiné à Georges AURIC. Il était donc terminé lorsque Cocteau le remit à Darius Milhaud, ce qui semble exclure le genre de collaboration relaté par Cocteau dans le journal *Anbruch* d'avril, mai, 1930: «La collaboration avec Milhaud est une toute autre affaire (qu'avec Satie). Il ne faut ni précaution ni ruse. C'est un vol. Il porte sur ses robustes épaules une affreuse petite chose, écrite à la campagne, un jour de pluie, traverse le fleuve et revient marié, père d'une nombreuse famille. J'avoue que j'ai de la peine, dans certaines de ces merveilleuses entreprises, à reconnaître mon tissu, traversé d'un bout à l'autre comme par une déchirure», cité d'après COLLAER, *Darius Milhaud*, op. cit., p. 49.

115. Voir à cet égard la Préface de 1922 pour *Les Mariés de la Tour Eiffel*, Paris, Gallimard, 1948, p. 65: «Dans notre spectacle, je réhabilite des lieux communs».

116. PROPP (V.), *Morphologie du Conte*, Paris, le Seuil, 1965.

117. MILORAD, *Le mythe orphique*, dans: *Cocteau et les mythes*, textes réunis par J.J. KIHM et M. DECAUDIN, Paris, *La revue des lettres modernes*, 1972, p. 117.

118. COCTEAU (J.) *Préface II* des *Parents terribles*, Paris, Gallimard, 1938, p. 13.

119. COCTEAU (J.) *Le Secret professionnel*, Paris Stock, 1926.

120. COCTEAU (J.) *Préface I* aux *Parents terribles*, Paris, Gallimard, 1938, p. 9.

121. IRELAND (G.W.) *Gide et Valéry, précurseurs de la nouvelle critique*: dans: *Les chemins actuels de la critique*, Paris, Union générale d'Editions,1968, pp. 24/25.

122. LEENHARDT (J.) *Psychocritique et sociologie de la littérature,* dans: *Les chemins actuels de la critique*, op.cit., p. 270.

123. SARTRE (J.P.) *Un théâtre des situations*, Paris, Gallimard, 1973, p. 19.

124. MILORAD, *Cahiers Jean Cocteau - 7 - Avec les musiciens*, op: cit. p. 34.

125. MILORAD, *Le mythe orphique*, dans *Cocteau et les mythes*, textes réunis par J.J. KIHM et M. DECAUDIN, Paris, *La revue des Lettres modernes*, 1972, p. 117.

126. Le fait que la femme ne reconnaît pas la mari, est symbolisé, par MILORAD, par le thème de la «réincarnation du père mort, sous l'aspect méconnaissable de l'ange dans le mythe orphique». MILORAD, *Le mythe orphique*, op. cit., p. 136. Cocteau compare d'ailleurs volontiers les marins aux anges.

127. Selon Mme. Eliette Malzac-Desbordes, Jean Cocteau aurait expliqué à Jean Desbordes, son frère, vers 1928, qu'il aurait été le fils d'un éminent diplomate oriental, amant occasionnel de Mme. Cocteau. Voir KIHM, SPRIGGE, BEHAR, *op. cit.*, p. 28.

128. MILORAD, op. cit., p. 136.

129. CONYOUS (G.) *Diagnose métrotectonique de la forme des organismes musicaux* Moscou, Editions musicales de l'Etat, 1933, édition bilingue russe et française. Il s'agit d'une méthode d'analyse formelle, permettant de déceler les symétries ou périodicités dans l'agencement formel. On procède par projection spatiale des durées, exprimées par des chiffres correspondant au nombre des mesures ou pulsations. La forme d'une œuvre est donc considérée essentiellement sous l'angle métrique, architectural. Voir à cet égard notre thèse de 3ème cycle: *Alexandre Scriabine, sa vie, l'ésotérisme et le langage musical dans son œuvre*, Paris, Champion, 1978.

130. Il est important de relever ici que Milhaud emploie les mêmes élements mélodiques tantôt intégrés dans la gamme acoustique, tantôt dans la gamme diatonique.

131. Il pourrait s'agir ici d'une «Farandole», une danse provençale, en 6/8. Darius Milhaud évoque la farandole à plusieurs reprises dans ses œuvres, par exemple dans la *Suite provençale* et dans la *Suite française*.

132. *ROSALIE*, répétition d'un fragment mélodique à un ton supérieur, le terme provient probablement de la chanson Rosalia mia cara, Ch. Bordas, p. 891.

133. Voir pages 42-45.

134. PRUNIERES (H.) *Darius Milhaud*, dans *La Revue musicale*, janv. 1928, p.252-255.

135. TENROC (Charles) Critique du *Pauvre Matelot* dans: *Le Courrier Musical*, du 1.1.1928, pp. 13/14.

136. COLLAER, *Darius Milhaud*, op. cit., p. 128.

137. MILHAUD (D.) *Impressions d'Amérique*, Paris, *Le Courrier musical* du 15 février 1923.

138. MILHAUD (D.) *Evolution du Jazz Band et de la musique des nègres d'Amérique du Nord*, dans *Le Courrier musical* du 1.5.1923, pp. 163/164.

139. MILHAUD, *Entretiens avec Claude Rostand*, op. cit., p. 92.

140. MILHAUD, *Ma vie heureuse*, op. cit., p. 232.

141. MILHAUD, *ibid*., p. 86, «Toujours hanté par mes souvenirs du Brésil, je m'amusai à réunir des airs populaires, des tangos, des maxixes, des sambas et même un fado portugais et à les transcrire avec un thème revenant entre chaque air comme un rondo».

142. *Ibid*., p. 244.

143. MILHAUD, *Ma vie heureuse*, op. cit., p. 212.

144. MILHAUD, *Entretiens avec Claude Rostand*, op.cit., p. 95.

145. *Ibid*., p. 93.

146. Dans un morceau, on relève quatre répétitions de la même cellule mélodique, *si-si-si-si-la-si-do-la*... etc..

147. Le cadre de cette étude ne nous permet pas de reproduire toutes les analyses faites pour l'analyse exhaustive d'une pièce folklorique. Signalons à cet égard, des recherches analogues dans notre essai sur la musique polynésienne traditionnelle: KELKEL (M.) *A la découverte de la musique polynésienne traditionnelle*, Paris, Publications Orientalistes de France, 1981, pp. 101/102.

148. Les renseignements à propos d'André Lhote m'ont été fournis par Madame Madeleine Milhaud. André Lhote était un peintre et écrivain d'art français (Bordeaux 1885 - Paris 1962). Il participa à partir de 1910, aux manifestations du cubisme, tout en demeurant figuratif.

149. HAYET, *Chansons de bord*, op. cit., p. 130.

150. *Ibid.*, p. 54.

151. HAYET, *op. cit.*, p. 99/100.

152. HAYET, *op. cit.*, p. 17.

153. *Ibid.*, p. 14-17.

154. HAYET, *op. cit.*, p. 20.

155. Autrement dit, celui de la «contrafacture».

156. Massenet cite le même air dans *Sapho* (1897).

157. COEUROY (André) *Darius Milhaud*, dans: *La musique française moderne*, Paris, Delagrave, 1922, p. 133.

158. LEROUX (Xavier) *Lettre à Henri Malherbe*, dans Musica no. 63, déc. 1907.

159. MILHAUD (D.) *Entretiens avec Claude Rostand*, op. cit., p. 120...

160. GRETRY, *Mémoires ou Essai sur la musique*, Paris, de l'Imprimerie de la République, Pluviôse, an V. «Les arts n'existent que par les contrastes, mais il ne faut pas que l'artiste montre l'intention de les faire, car alors il devient maniéré», p. 289.

161. TIERSOT, *Histoire de la chanson populaire en France*, dans *Le Ménestrel* du 20.1.1889, p. 17.

162. KELKEL (M.) *Ma vie musicale et les tendances esthétiques en Russie pendant les années 1900-1930*, Catalogue de l'Exposition Paris-Moscou, Paris, Centre Pompidou, 1979, pp. 468-481.

163. COLLAER, *Darius Milhaud*, op. cit., pp. 126-132.

164. *Ibid.*, p. 131.

165. *Ibid.*, p. 132.

166. COLLAER, *Darius Milhaud*, op. cit., p. 127.

167. BRAGA (A.) *Darius Milhaud*, Napoli, Casa Editrice Federico ed Ardria, 1969, pp. 75-79.

168. Voir LEICHTENTRITT (H.) *Musikalische Formenlehre*, op. cit., p. 437.

169. d'INDY (V.) *Traité de composition*, Paris, Durand, 1950, p. 461 (II)...

170. STERNFELD (Fr.) *Parodie ou Contrafacture*, dans: *Science de la Musique*, Paris, Bordas, 1976, pp. 755/6.

171. MANUEL (Roland) *Critique du Pauvre Matelot*, dans *Le Ménestrel*, de 1927, pp. 531-532.

172. PRUNIERES (H.) *Critique du Pauvre Matelot*, dans *La Revue musicale*, no. 3, janvier 1928, pp. 252-255.

173. MILHAUD, *Etudes*, p. cit., p. 120.

174. GOLDRON (R.) *Musique d'aujourd'hui*, Lausanne, Rencontre, 1966, p. 73.

175. MILHAUD (D.) *Polytonalité et Atonalité*, Paris, *La Revue musicale*, mars 1925, pp. 29-44, p. 40 plus particulièrement.

176. Notamment aux mesures 8, 59, 81, 185, 203, 211, 213, 238, 240, 304, 307, 403, 405, 417, 444, 447, 458, 460, 594, 605 et 712.

177. GUT (S.) *Franz Liszt, les éléments du langage musical*, Paris, Klincksieck, 1975, p. 206.

178. SAMAZEUIL (G.) *Musiciens de mon temps*, Paris, La Renaissance du livre, Marcel Daubin, 1947, p. 301.

179. GUT (S.) *Polytonalité*, dans *Science de la Musique*, Paris, Bordas, 1976, pp. 820/821 (I).

180. MILHAUD, *Entretiens avec Claude Rostand*, op. cit., p. 93.

181. MILHAUD, *Polytonalité et Atonalité*, op. cit., p. 38.

182. LEICHTENTRITT (H.) *Musikalische Formenlehre*, Wiesbaden, Breitkopf u. Härtel, 1971, p. 437.

183. HACKENBROICH (Heinz) *Musiker von heute*, Fulda, Verlag Parzeller, 1949, p. 114. «Milhaud ist ein Meister in der Behandlung des polytonalen Kontrapunkts. Aus verschiedenen, fest bestimmten Tonarten, baut er seine Akkorde übereinander, beharrt aber im Grund in der Tonalität und nimmt die Diatonik zum Ausgangspunkt seiner kontrapunktischen Schichtungen und Führungen».

184. BRELET (G.) *La musique contemporaine en France* dans *Histoire de la musique*, Encyclopédie de la Pléiade, Paris, Gallimard, 1963, p. 1111 (II).

185. GOLEA (A.) *Esthétique de la musique contemporaine*, Paris, P.U.F., 1954, p. 269. Arnold Schoenberg (1922) estime que Milhaud «semble être le plus significatif des tendances actuelles dans tous les pays latins, par sa polytonalité. Si cette tendance me plaît, ou non, ce n'est qu'une question secondaire. Mais je trouve qu'il a beaucoup de talent» (cité d'après ROY (J.) *Darius Milhaud*, p. 163.

186. Voir à cet égard KELKEL (M.) *Meditationsmusik gestern und heute*, dans *«Zur Neuen Einfachheit in der Musik» Studien zur Wertungsforschung, Wien/Graz* Unversal Edition, Wien, 1981, et les actes du colloque en général.

187. Dictionnaire *Larousse de la Musique*, DUFOURQ (N.), Paris, Larousse, 1957, p. 210 (II).

188. GUT (S.) *Polytonalité, dans Science de la Musique*, Paris, Bordas, 1976, p. 820 (II).

189. FEBURE-LONGERAY (A.) Du *«Système Polytonal»*, dans *Le Courrier Musical*, du 14.4.1923, pp. 141-144.

190. CHAILLEY (J.) *Essai sur les structures mélodiques*, dans *Revue de Musicologie*, vol. XLIV, déc. 1959, p. 171.

191. SCHLOEZER (Boris de) *Darius Milhaud*, dans *La Revue musicale*, 1925, pp. 271-276.

192. LANDORMY (P.) *Darius Milhaud*, dans *Le Ménestrel*, 1925, p. 353.

193. COSTERE (E.) *Polytonalité*, dans *Encyclopédie de la musique*, Paris, Fasquelle, 1958, p. 463 (III).

194. KOECHLIN (Ch.) Encyclopédie de la musique, Paris, 1927, p. 719. Evolution de l'harmonie. Période contemporaine depuis Bizet jusqu'à nos jours, Encyclopédie de la musique Lavignac Paris, Delgrave, 1927, Esthétique (II), pp. 591-756.

195. COSTERE, *Polytonalité*, op. cit., p. 463.

196. GUT (S.) *Polytonalité*, op. cit., p. 821.

197. CLOSSON (M.E.) *A propos du Sacre du Printemps*, dans *l'Indépendance belge* du 8 mai 1923.

198. FEBURE-LONGERAY (A.) *De la Polytonalité*, dans *Le Courrier musical*, 1923, p. 229. Il s'agit d'une réponse à une lettre de Manuel Rosenthal, adressé au *Courrier musical* suite à la publication de l'article «*Du système polytonal*».

199. TANSMAN (A.) *Igor Stravinsky*, Paris, Amiot-Dumont, 1948, p. 102.

200. GUT (S.) *Polytonalité*, op. cit., p. 821.

201. MASON (Colin) *The Chamber Music of Darius Milhaud, The Musical Quarterly*, 1957, pp. 326-341: «is one of the most strictly and consistently «polytonal» of Milhaud's works, the multiple tonalities of the opening illustrated in Ex. I being sustained throughout the first mvt for instance ends with each instrument playing a different major arpeggio (VI-A, VI2 Db-Viola and Cello Bb»).

202. ROY (C.) *Darius Milhaud*, op. cit., p. 51.

203. MILHAUD (D.) *Petite histoire nécessaire*, dans *Le Courrier musical*, 1922, p. 30.

204. MILHAUD (D.) *Etudes*, op. cit., p. 229. Voir aussi, MILHAUD, *L'Evolution du Jazz band*, op. cit., p. 164.

205. MILHAUD *Entretiens*, op. cit., p. 28. Ainsi que *Polytonalité* et *Atonalité*, op. cit., p. 30. Il cite ici l'édition Peters no. 208, p. 40.

206. MILHAUD, *Polytonalité et Atonalité*, op. cit., pp. 32, 33, 36, 37, 38.

207. FAVRE (Georges) *Musiciens français modernes*, Paris, Durand, 1955, p. 95.

208. MILHAUD, *Polytonalité et Atonalité*, op. cit., p. 35.

209. VIRET (J.) *La modalité monodique dans l'œuvre de Darius Milhaud, Revue musicale de Suisse romande*, no. 3, septembre 1973, p. 8.

210. PRUNIERES (H.) Critique de la création du *«Pauvre Matelot»*, dans *Revue Musicale*, no. 3, janvier 1928, pp. 252-255.

211. MANUEL (R.), *Le Pauvre Matelot*, dans *Le Ménestrel*, 1927, p. 532.

212. MILHAUD, *Ma vie heureuse*, op. cit., p.164.

213. COLLAER, *Darius Milhaud*, op. cit. p. 128.

214. L'opéra de Rome ayant programmé en 1962 la version de 1926, Milhaud m'avait alors confié (à cette époque, j'étais directeur musical des Editions Heugel et responsable du département opéra) qu'il eut préféré qu'on donnât la version pour treize instruments solistes, dont on pouvait, à la rigueur, renforcer l'ensemble des cordes, si l'acoustique de la salle nécessitait absolument ce renforcement. Par la suite, Milhaud demanda aux Editions Heugel que chaque représentation de la version pour grand orchestre soit subordonnée à son accord préalable.

215. MILHAUD, *Entretiens*, op. cit., p. 88.

216. COLLAER, *Darius Milhaud*, op. cit., p. 127.

217. Préface de 1922 pour *Les Mariés de la tour Eiffel*, op. cit., p. 65.

218. ROSSAT, *La Chanson populaire*, op. cit., p. 95.

219. COCTEAU, *Le Coq et l'Arlequin*, op. cit., p. 48.

220. D'OLLONE (Max) *Le Théâtre lyrique et son public*, Paris, Genève La Palatine, 1955, pp. 183/184.

221. GUIOMAR (M.) *Lyrisme et naturalisme, Panorama, critique et problématique*, Revue de l'Education musicale, avril 1976.

222. VASSENHOVE (L. van) *Jonny ou le triomphe du Jazz,* dans *Le courrier musical* du 1er mars 1928, pp. 142-143 et *Sonderheft Ernst Krenek und seine Oper Jonny spielt auf*, Wien, Universal Edition, 1927, p. 26. Citons à titre d'exemple, l'air d'Yvonne «Wenn ich hier die Treppen fege, Zimmer wische, Kleider bürste, denk' ich nur an Dich, mein Jonny!»

223. BRECHT (B.) *Sur le réalisme, le débat sur l'expressionisme*, Paris, L'Arche, 1970, p. 85.

224. LONGCHAMP (J.) *L'Opéra d'aujourd'hui*, Paris, Le Seuil, 1970, p. 92.

BIBLIOGRAPHIE

Cette bibliographie des écrits de Milhaud tient compte surtout des écrits, en rapport avec cette étude. Pour une bibliographie complète, voir l'excellent travail de Jeremy Drake, paru dans la nouvelle édition de «Notes sur la musique», aux Editions Flammarion, en Juin 1982, après le dépôt légal de cet essai (15 mai 1982).

A/ Sources: Les écrits de Darius Milhaud.

MILHAUD (D.) «Le Boeuf sur le Toit»: *Littérature* no. 2, avril 1919, no. 2).

MILHAUD (D.) *Brésil*, Paris, *La Revue Musicale*, 1920, pp. 60-61.

MILHAUD (D.) «Je veux écrire 18 quatuors à cordes»: *Le Coq* no. 1, 1920

MILHAUD (D.) *Impressions d'Amérique*, Paris, *Le Courrier musical*, du 15.3.1923, p. 115.

MILHAUD (D.) «Petite Historique nécessaire»: *Le Courrier musical* du 15.1.1922.

MILHAUD (D.) *El Retablo de Maeso Pedro, A propos d'une œuvre de Manuel de Falla*, Concerts Koussevitzky, *Le Courrier musical*, 1925, p. 394.

MILHAUD (D.) «La Mélodie: *Le Courrier musical* du 15 août 1922, p. *397.*

MILHAUD (D.) *L'évolution du Jazz band et de la musique des nègres d'Amérique du Nord*, Paris, *Le Courrier musical*, 1.5.1923, pp. 163-164.

MILHAUD (D.) «Stravinsky's neue Bühnenwerke» *Musik des Anbruch*, 1922/23, p. 17-18.

MILHAUD (D.) *Polytonalité et Atonalité*, Paris, *La Revue musicale*, mars 1925, pp. 29-44.

MILHAUD (D.) «Francis Poulenc» et «les Biches» *J. Cocteau et D. Milhaud*, Paris, Ed des Quatre Chemins, 1924.

MILHAUD (D.) *Etudes*, Paris, Ed. Claude Aveline, 1927.

MILHAUD (D.) «La vie musicale en URSS»: *Le Ménestrel*, no. 24, 11. 6. 1926.

MILHAUD (D.) *Avant-Première - A l'Opéra Comique; Le Pauvre Matelot*, interview avec Darius Milhaud, dans *Le Ménestral*, du 9. 12.1927, pp. 513-514.

MILHAUD (D.) *Interview avec Darius Milhaud* - A propos de Christoph Colomb, dans le journal *Paris Soir* du 7 décembre 1936.

MILHAUD (D.) *De Montmartre à Aix-en-Provenc,* Paris, Nouvelles Littéraires, 9 octobre 1937.

MILHAUD (D.) *Notes sur Eric Satie*, New York, Les œuvres nouvelles, 1943.

MILHAUD (D.) *Notes sans musique*, Paris, Julliard, 1949. Editions revue en 1963.

MILHAUD (D.) *Entretiens avec Claude Rostand*, Paris, Julliard, 1952.

MILHAUD (D.) *Correspondance avec Paul Claudel 1912-153*, Préface de Henri Hoppenot, Paris, Gallimard, 1961.

MILHAUD (D.) *Cahiers Darius Milhaud*, Collectif International de Champigny, Compagnie Renaud-Barrault, 1975.

MILHAUD (D.) *Du Brésil au Bœuf sur le toit*, Paris, Revue de Paris, mai 1949.

MILHAUD (D.) *Hommage à Béla Bartok*, Paris, La Revue musicale, numéro spécial sur Bartok, 1955.

MILHAUD (D.) *Albéric Magnard*, Conférence faite à l'Ecole des Hautes Etudes Sociales le 5.1.1917, (B.N. Rés. VMc Ms 19) dactylographié.

MILHAUD (D.) *La Tradition* dans *«Atti del terze congresse internationale di Musica*, 1938, Firenze, 1940, pp. 89-94.

MILHAUD (D.) *Ma vie heureuse*, Paris, Ed, Belfond, 1973.

MILHAUD (D.) *Le Pauvre Matelot*, Complainte en 3 actes, partition piano et chant, Paris, Heugel, 1927.

MILHAUD (D.) *Le Pauvre Matelot, Partition d'orchestre* (version 1926) Paris, Heugel, 1927, En location seulement.

MILHAUD (D.) *Le Pauvre Matelot - Partition d'orchestre* Nouvelle orchestration pour 13 solistes, Paris, Heugel, 1976.

B/ *Ouvrages et articles, consacrés à Darius Milhaud et à son œuvre.*

BAIGNIERES (P.) *Ballets d'hier et d'aujourd'hui*, Paris, Plon, 1954 (à propos de *Salade*).

BELVIANES (M.) *L'Essor de la Saison Théâtrale* du mois de mai, voir note 25.

BECK (G.) *Darius Milhaud, Etude suivie du catalogue chronologique complet* de son œuvre, Paris, Heugel, 1949.

BECK (G.) *Supplément du catalogue de l'œuvre de Darius Milhaud*, Heugel, 1956.

BRAGA A.) *Darius Milhaud*, Napoli, Edizioni Federico ed Ardia, 1969.

BERNARD (R.) *Histoire de la musique*, Paris, Fernand Nathan, 1962, p. 883-894 (II).

BRELET (G.) *Musique contemporaine en France, Darius Milhaud*, dans *Histoire de la Musique* (II) Encyclopédie de la Pléiade, Paris, Gallimard, 1963, pp. 1105-1114.

BRUYR (J.) *Darius Milhaud*, dans *Musica*, no. 2, mai 1954, pp. 10-15.

BRUYR (J.) *L'Ecran des musiciens*, Paris, Cahiers de France, 1940, pp. 21-30.

CADIEU (M.) *Duo avec Darius Milhaud*, Paris, Nouvelles Littéraires, 29.3.1962.

CASTEREDE (J.) *Darius Milhaud - Analyse de la Création du Monde*, dans le *Guide Musical*, mars 1975, no. 658, pp. 29-30.

CHANTAVOINE (J.) *Darius Milhaud, La brebis égarée*, dans *Le Ménestrel*, 1923, no. 50, pp. 526-527.

CHANTAVOINE (J.) *Maximilien, Opéra historique en trois actes et neuf tableaux livret de R.S. HOFMANN, d'après le drame de Franz Werfel, adaptation française d'Armand Lunel, musique de Darius Milhaud*, dans *Le Ménestrel*, du 15.1.1932, pp. 19-20.

CHANTAVOINE (J.) *La création du monde*, dans *le Petit Guide de l'auditeur de musique*, Paris, Plon, 1958, pp. 78-79.

COEUROY (A.) *La musique française moderne*, Paris, Delagrave, 1922, pp. 1-40.

COLLAER (P.) *La musique moderne*, Bruxelles, Ed. Meddens, 1963, pp. 153-169.

COLLAER (P.) *Darius Milhaud*, Anvers, Publications de la Société belge de Musicologie, 1947 (de Nederlandsche Boekhandel - Antwerpen).

CORBIOT (B.) *La Suite provençale de Milhaud*, dans *L'Education musicale*, avril 1963, no. 97, pp. 14-16.

DUMESNIL (R.) *La musique en France entre les deux guerres 1919-1939*, Genève, Milieu du Monde, 1946, pp. 17-20, 55-58, 173-179, 182-189.

DUMESNIL (R.) *Histoire de la Musique*, Paris, Colin, 1960, pp. 44-64.

DUMESNIL (R.) La musique contemporaine en France, Paris, Colin, 1930.

FAVRE (G.) *Musiciens français contemporains*, Paris, 1955, Durand, 1955, pp. 92-98.

FRANCOIS (R.) *Darius Milhaud*, La Création du Monde, Paris, Peuple et Culture, 1963.

GOLDRON (R.) *Histoire de la musique* , Lausanne, Ed. Rencontre, 1966, p. 73. vol. 12.

GOLEA (a.) *Esthétique de la musique contemporaine*, Paris, PUF, 1954.

GUTH (P.) *Darius Milhaud*, dans *Le Figaro Littéraire* du 7 juin 1952.

HACKENBROICH (H.) *Musiker von heute*, Fulda, Verlag Parzellen, 1949, p. 114.

HELM (E.) *Darius Milhaud und seine moderne Musik* Südlicher Impressionen Universitas, XXIX (1974).

JOURDAN-MORHANGE (E.) *Mes amis musiciens*, Paris, Les Editeurs Français réunis, 1955.

KRENEK (E.) *Darius Milhaud, Anbruch XII*, avril/mai 1930, pp. 135-140.

LANDORMY (P.) *Darius Milhaud*, dans *Le Ménestrel*, 1925, pp. 345-347, 353-355, et 361-363.

LANDORMY (P.) *Querelle d'Ecole*, Le Courrier musical, 15.2.1922. p. 61.

LANDORMY (P.) *Darius Milhaud*, dans *La Victoire musicale* du 21.9.1920.

LANDORMY (P.) *La brebis égarée*, dans *La Victoire musicale* du 18.12. 1923.

LANDORMY (P.) *Le Groupe des Six*, La Revue de Genève, sept. 1921.

LANDORMY (P.) *Histoire de la musique*, Paris, Mellottée, 1954, pp. 426/427.

LANDORMY (P.) *La musique française après Debussy*, Paris, Gallimard, 1943.

MARIE (J.E.) *Musique vivante*, Paris, P.U.F., 1954.

MASON (C.) *The Chamber Music of Milhaud*, New York, Musical Quarterly, 1957.

PALMER (C.) *Milhaud*, London, 1976.

POULENC (F.) *Les Malheurs d'Orphée*, voir note 61.

POULENC (F.) *Correspondance 1915-1963* (réunie par Hélène de Wendel), Préface de Darius Milhaud, Paris, Le Seuil, 1967.

POULENC (F.) *Oeuvres récentes de Darius Milhaud*, Paris, Contrepoints, 1946.

PRUNIERES (H.) *Darius Milhaud*, Paris, Nouvelle Revue Française, 1920.

PRUNIERES (H.) *Le Pauvre Matelot dans La Revue Musicale*, janv. pp. 252-255.

ROLAND-MANUEL, *Plaisir de la Musique* (IV), Paris, Le Seuil, 1955.

ROLAND-MANUEL, *Le Pauvre Matelot*, dans *Le Ménestrel*, 1927, pp. 531-532.

ROSTAND (C.) *La musique française contemporaine*, Paris, PUF, 1952.

ROY (J.) *Darius Milhaud, L'homme et son œuvre*, Paris, Seghers, 1968.

SCHLOEZER (B.de) *Darius Milhaud, Paris, La Revue musicale*, 1925, pp. 251-276.

TENCROC (Ch.) *Opéra-Comique, Le Pauvre Matelot*, Le Courrier musical, du 1.1.1928, pp. 13-14, critique de la création.

VIRET (J.) *La modalité monodique dans l'œuvre de Darius Milhaud*, Lausanne, *La revue lusicale de Suisse romande*, septembre 1973, pp. 8-9.

SAMAZEUIL (G.) *Musiciens de mon temps*, Paris, La Renaissance du livre, Marcel Daublin, 1947, pp. 301-306.

WILKINS (N.) *Eric Satie's letters to Milhaud and others*, dans Musical Quarterly, 66, 1980/3, pp. 404-428.

C/ Ouvrages et articles de COCTEAU ou consacrés à son œuvre et ouvrages d'ordre général.

AURIC (G.) *Préface* pour *Le Coq et l'Arlequin*, de Jean Cocteau, Paris, Stock, 1979.

APOLLINAIRE (G.) Préface pour le programme de *Parade*.

BARBEAU (M.) et SAPIR (E.) *Folk Songs of French Canada*, New Haven, Yale University,Press, 1925.

BERNARD (R.) *Histoire de la Musique*, Paris, Nathan, 1963.

BOXBERGER (R.) *Erinnerungen an Goethe, Aus dem Nachlass von Friedrich Schubart*, dans *Archiv f. Literaturgeschichte* 4. (1875).

BRECHT (B.) *Sur le réalisme*, Paris, l'Arche, 1970.

BUJEAUD (J.) *Chants et Chansons populaires des Provinces de l'Ouest*, dans *Revue trimestrielle de la musique populaire*, Paris, Rouart, 1906/7.

CAMUS (A.) *L'Etranger*, Paris, Gallimard, 1942.

CHAILLEY (J.) *Traité historique de l'analyse musicale*, Paris, Leduc, 1951.

CHAILLEY (J.) *Essai sur les structures mélodiques*, dans *Revue de Musicologie*, vol. XLIV, décembre 1959.

COCTEAU (J.) *Le Coq et l'Arlequin, Notes autour de la musique*, Paris, Ed. La Sirène, 1918.

COCTEAU (J.) et MADRAZO (F. de) *Le Dieu Bleu*, Paris, Heugel, 1912.

COCTEAU (J.) *Les Mariés de la Tour Eiffel*, Paris, Gallimard, 1948.

COCTEAU (J.) *Les Parents terribles*, Paris, Gallimard, 1938.

COCTEAU (J.) *Le Pauvre Matelot*, Paris, Heugel, 1927.

COCTEAU (J.) *Le Secret professionnel*, Paris, Stock, 1926.

COLLET (H.) *Les Cinq Russes et les Six Français*, Paris, Comoedia, 7.4.1919.

CLOSSON (M.E.) *A propos du Sacre du Printemps*, dans *L'Indépendance belge* du 8 mai 1923.

CONYOUS (G.) *Diagnose métrotectonique de la forme des organismes musicaux*, Moscou, Editions musicales de l'Etat, 1933, Edition bilingue français-russe.

COSTERE (E.) *Polytonalité*, dans *Encyclopédie de la musique*, Paris, Fasquelle, 1958.

DUFOURQ (A.) *Polytonalité*, dans *le Larousse de la Musique*, Paris, Larousse, 1957.

FEBURE-LONGERAY (A.) *Du «Système Polytonal»*, dans *Le Courrier musical* du 14 avril 1923.

FERMIGIER (A.) *Jean Cocteau entre Picasso et Radiguet*, Paris, Hermann, 1967.

GRETRY (A.M.) *Mémoires ou Essai sur la Musique*, Paris et Liège, 1789.

GUIOMAR (M.) *Lyrisme et naturalisme, Panorama, critique et problématique*, Revue et l'Education nationale, avril 1976.

GUT (S.) *Franz Liszt, les éléments du langage musical*, Paris, Klincksieck, 1975.

GUT (S.) *Polytonalité*, dans *Science de la Musique*, Paris, Bordas, 1976.

HACKENBROICH (H.) *Musiker von heute*, Fulda, Verlag Parzeller,1949

HAYET A.) *Chansons de bord, recueillies par le Capitaine au long cours Armand Hayet, harmonisées par Charles Bredon et illustrées de 14 dessins originaux d'André Lhote*, Paris, éditions Eos, 1927.

d'INDY (V.) *Traité de composition*, Paris, Durand, 1950.

IRELAND (G.W.) *Gide et Valéry, précurseurs de la nouvelle critique*, dans *Les chemins actuels de la critique*, Paris, Union générale des Editions, 1968.

KELKEL (M.) *A la découverte de la musique polynésienne traditionnelle*, Paris, Publications Orientalistes de France, 1981.

KELKEL (M.) *Alexandre Scriabine, sa vie, l'ésotérisme et le langage musical dans son œuvre*, Paris, Champion, 1978.

KELKEL (M.) *Meditationsmusik gestern und heute*, dans les actes du Colloque *Zur «Neuen Einfachheit» in der Musik, Studien zur Wertungsforschung*, ed. par Otto Kolleritsch, Wien, Universal Edition 1981.

KELKEL (M.) *La vie musicale et les tendances esthétiques en Russie pendant les années 1900-1930*, dans le catalogue de l'Exposition *Paris-Moscou 1900-1930*, Paris, Centre National d'art et de Culture, Georges Pompidou, 1979.

KIHM J.J.) SPRIGGE (E.) BEHAR (H.) *Jean Cocteau, l'homme et les miroirs*, Paris, La Table ronde, 1968.

KOECHLIN (Ch.) *L'Evolution de l'harmonie, Période contemporaine depuis Bizet jusqu'à nos jours*, dans *Encyclopédie de la musique Lavignac*, Paris, Delgrave 1927 (vol. II. Esthétique).

KROGOLL (J.) *Nachwort* zu *Zarachias Werner (Der vierundzwandzigste Februar*, Stuttgart, Philipp Reclam jun., 1967.

LEENHARDT (J.) *Psychocritique et sociologie de la littérature*, dans *Les Chemins actuels de la critique*, Paris, U.G.E., 1968.

LEICHTENTRITT (H.) *Musikalische Formenlehre*, Wiesbaden, Breitkopf u. Härtel, 1971 (1ère édition 1907).

LOEWENBERG (A.) Genève, Societas Bibliographica, 1943. *Annals of Opera 1597-1940.*

LEROUX (X.) *Lettre à Henri Malherbe*, dans Musica no.63, décembre 1907.

LONGCHAMP (J.) *L'Opéra aujourd'hui*, Paris, Le Seuil, 1970.

MACHABEY (A.) *La Musicologie*, Paris, P.U.F., 1962.

MILLIEN (A.) *Chants et chansons populaires du Nivernais*, Paris, Ed. Leroux, 1906-1910.

MILORAD, *Avec les musiciens, Cahier Jean Cocteau no. 7*, Paris, Gallimard, 1978.

MILORAD, *Le mythe orphique*, dans *Cocteau et les mythes, textes réunis* par J.J. KIHM et M. DECAUDIN, Paris, *La revue des lettres modernes*, 1972.

d'OLLONE (Max) *Le Théâtre lyrique et son public*, Paris-Genève, La Palatine, 1955.

POPPER (K.) *The logic of scientific discovery*, New York, Basic Books, 1959.

PROPP (V.) *Morphologie du conte*, Paris, Ed. du Seuil, 1965.

POUGIN (A.) *Châtelet, les «Ballets Russes»*, dans *Le Ménestrel*, du 18.5.1912.

ROSSAT (A.) *La Chanson populaire dans la Suisse Romande*, Lausanne, Foetisch Frères, 1917.

ROUSSEAU (J.J.) *Dictionnaire de Musique*, Paris, chez la Veuve Duchesne, 1768.

RUWET (N.) *Notes sur les duplications dans l'œuvre de Claude Debussy*, dans *Musique en Jeu no. 10*, Paris, Ed. du Seuil, mars 1973.

SARTRE (J.P.) *Un théâtre des situations*, Paris, Gallimard, 1973.

STERNFELD (Fr. v.) *Parodie ou Contrafacture, dans Science de la Musique*, Paris, Bordas, 1976.

TANSMAN (A.) *Igor Stravinsky*, Paris, Amiot-Dumont, 1948.

TIERSOT (J.) *Souvenir de cinq années (1914-1919)*, dans *Le Ménestrel*, du 12 décembre 1919.

TIERSOT (J.) *Histoire de la chanson populaire en France*, dans *Le Ménestrel*. 1888/1889

VASSENHOVE (L. van) *«Jonny» ou le triomphe du Jazz, Le courrier Musical* du 1er mars 1928.

REPERTOIRE DES EXEMPLES MUSICAUX

Ex. mus. no. 27 : Comparaison de *Valparaiso* et du *Pauvre Matelot*

Ex. mus. no. 28 : Comparaison de la chanson «Adieu, cher camarade» avec le P.M.

Ex. mus. no. 29 : Comparaison de la chanson «Sur le Pont de Morlaix» avec le P.M.

Ex. mus. no. 30 : Comparaison de «Passant par Paris» avec le P.M.

Ex. mus. no. 31 : Analyse formelle métrotectonique du *Pauvre Matelot*

Ex. mus. no. 32 : Superposition des accords de *La majeur* et Mi *bémol majeur* selon Fébure-Longeray.

Ex. mus. no. 33 : Bitonalité, ramené aux principes de la tonalité unique.

Ex. mus. no. 34 : Accord de *9ème de Dom.*, interprété par Milhaud comme la superposition de *Do majeur* et de *Sol majeur*

Ex. mus. no. 35 : 11 accords bitonaux.

Ex. mus. no. 36 a et b : Superpositions et renversements d'accords bitonaux

Ex. mus. no. 37 : Superposition de trois accords

Ex. mus. no. 38 : Renversements de 3 accords superposés.

Ex. mus. no. 39 : Ex. Polytonal du P.M., P/C p. 61, mes. 679.

Ex. mus. no. 40 : mes. 23 p. 2 du P/C, exemple bitonal.

Ex. mus. no. 41 : mes. 70, P/C p. 5, exemple de bitonalité avec broderies.

Ex. mus. no. 42 : Mes. 86, P/C p. 6, exemple de bitonalité

Ex. mus. no. 43 : mes: 208, P/C p. 18. *Fa maj -- do maj.*
puis *sol maj -- do maj.*

Ex. mus. no. 44 : mes. 249/250, P/C p. 23

Ex. mus. no. 45 : mes. 342, p. 30 P/C. Superposition de *ré mineur* et de *fa majeur*

Ex. mus. no. 46 : mes. 418, P/C p. 37

Ex. mus. no. 47 : mes. 450, P/C p. 39

Ex. mus. no. 48 : Milhaud, *Catalogue des fleurs, Jacinthes* (1920)

Ex. mus. no. 49 : mes. 43-46 de la version de 1926

Ex. mus. no. 50 : mes. 216, bitonalité

Ex. mus. no. 51 : mes. 216, version 1926, orchestration à comparer avec la mesure de la version de 1934 (p. 28)

TABLE DES MATIERES

ACHEVÉ D'IMPRIMER
LE 4 FÉVRIER 1985
PAR L'IMPRIMERIE
DE LA MANUTENTION
A MAYENNE
N° 8962